Xiaolu Guo

Xiaolu Guo est née dans un village de pêcheurs du sud de la Chine en 1973. Elle est aujourd'hui romancière et réalisatrice. Auteur de poèmes et d'essais, elle publie son premier roman en 2004, *La Ville de Pierre* (Picquier), qui sera nominé pour le prix de littérature internationale de Dublin. En 2008 paraît chez Buchet/Chastel le *Petit dictionnaire chinois-anglais pour amants* suivi des *Vingt Fragments d'une jeunesse vorace* (2009). À travers ses œuvres littéraires et cinématographiques, Xiaolu Guo aborde des thèmes comme l'isolement, les tragédies du quotidien, et y développe sa vision du passé et de l'avenir de la Chine.

PETIT
DICTIONNAIRE
CHINOIS-ANGLAIS
POUR AMANTS

XIAOLU GUO

PETIT DICTIONNAIRE CHINOIS-ANGLAIS POUR AMANTS

roman traduit de l'anglais (Chine)
par Karine Laléchère

BUCHET/CHASTEL

Titre original :
A CONCISE CHINESE-ENGLISH
DICTIONARY FOR LOVERS

Pocket, une marque d'Univers Poche,
est un éditeur qui s'engage pour la préservation
de son environnement et qui utilise du papier fabriqué
à partir de bois provenant de forêts gérées
de manière responsable.

© 2007, Chatto & Windus,
Random House, 20 Vauxhall Bridge Road, London

Et pour la traduction française
© Buchet/Chastel, 2008.
ISBN : 978-2-266-21713-2

À l'homme qui a perdu mon manuscrit
à l'aéroport de Copenhague
et sait comment une femme a perdu ses mots.

Rien dans ce livre n'est vrai à l'exception
de l'amour entre elle et lui.

« À quoi tu penses ? »

Souvent, l'homme dit quelque chose et la femme n'est pas d'accord. Leur conversation est ainsi :

Elle : « À quoi tu penses ? »

Lui : « À rien. »

Elle : « Mais dans ta tête, il passe quoi ? »

Lui : « Je suis triste quand je pense à ma vie. »

Elle : « Pourquoi ? »

Lui : « Tout semble vide et je n'en vois pas la fin. »

Elle : « Mais tu veux quoi ? »

Lui : « Je veux trouver le bonheur. »

Elle : « Personne n'a le bonheur à tout instant. Parfois tu auras la tristesse. C'est normal. Tu n'es pas d'accord ? »

Lui : « Mais je ne vois pas de bonheur dans ma vie. »

Elle : « Qu'est-ce qui semble plus le bonheur pour toi ? »

Lui : « ... la mer. »

Avant

Désolé ma langue mauvaise

PROLOGUE

Prologue n.m. Introduction à une pièce de théâtre ou un livre.

Maintenant.
Heure à Pékin, 12 heures la mi-nuit.
Heure à Londres, 5 heures l'après-midi.
Mais je est dans aucun fuseau horaire. Je est dans l'avion. J'assois 10 000 kilomètres au-dessus de la terre et j'essaie souvenir tout l'anglais de l'école.
Je ne te connais pas déjà. Tu es l'à-venir.

Je vois le ciel énorme au-dehors. Je pense le personnel d'avion doit inventer le fuseau horaire spécial des longs voyages, où le passager comme moi perd le temps. Quand un corps suspend dans l'air, à quel pays il appartient ?
Le passeport de la République populaire de Chine plie dans ma poche.

Type de passeport	**P**
N° passeport	**G00350124**
Nom complet	**Zhuang Xiao Qiao**

Sexe	**F**
Date de naissance	**23 juillet 1979**
Lieu de naissance	**Province de Zhejiang, R. P. de Chine**

J'ai l'inquiétude parce que peut-être le douanier trouve un problème avec le passeport plié. Peut-être il croit le passeport frauduleux, alors il refuse mon entrée au Royaume-Uni, même avec la noble parole sur la page :

中华人民共和国外交部请各国军政机关对持照人予以通行的便利和必要的协助。

Le ministre des Affaires étrangères de la République populaire de Chine demande à toutes les autorités civiles et militaires étrangères d'autoriser le détenteur de ce passeport à circuler librement et de lui prêter assistance en cas de besoin.

La Chine loin, loin, disparaît derrière les nuages. Au-dessous l'océan. Avant, j'habite la ville du désert. Jamais je ne vois la mer. Elle semble un rêve.

Parfois je me demande : pourquoi il faut venir à l'Occident ? Pourquoi il faut apprendre la langue anglaise et obéir mes parents ? Pourquoi il faut gagner un diplôme occidental ? Je ne sais pas quoi j'ai besoin. Et même parfois je ne veux pas savoir quoi j'ai besoin. Je ne veux pas apprendre parler l'anglais. Ma mère n'apprend pas parler le mandarin officiel, seulement le dialecte du village. Pourtant, elle devient riche quand mes parents fabriquent les chaussures dans notre petite ville. Ma vie est très bien avant. Pourquoi je change ma vie ?

Et comment j'habite le pays occidental inconnu ? Jamais je ne viens à l'Occident. Le seul Occidental je connais avant est l'homme de l'ambassade britannique à Pékin, derrière sa petite fenêtre. Il met le visa dans mon passeport tout neuf.

Quoi d'autre encore je sais de l'Occident ? Je connais les grandes maisons de banlieue dans les séries télévisées américaines, doublage chinois. La femme cuisine derrière la fenêtre. Le mari retourne après le travail. Il dit « chérie, c'est moi », alors les enfants courent et cherchent les cadeaux.

Mais ma vie n'est pas ainsi. Cela ne semble pas du tout ma vie. Je n'ai pas de vie à l'Occident. Je n'ai pas de chez moi à l'Occident. J'ai la peur.

Je ne connais pas l'anglais.

J'ai la peur de l'à-venir.

Février

ÉTRANGE / ÉTRANGER

Étrange adj. Bizarre, incompréhensible, inattendu ;
étranger, ère adj. et n. D'un autre pays, d'un autre
groupe, inconnu.

Incroyable, j'arrive à Londres. Heathrow. Tous
les noms sont très difficiles de souvenir. Pour quoi
pas simplement « aéroport de Londres », comme
simplement « aéroport de Pékin » ? Tout est compliqué ici. Maintenant, les passagers sont deux files
différentes.

Je lis le panneau devant les files : *alien* et *non
alien*.

Je suis *alien*, comme dans le film *Alien* à Hollywood. J'habite l'autre planète, j'ai l'air spatial et
la langue étrange.

J'attends dans la file très grande et lente, avec
tous les étrangers pour présenter mon visa. Je me
sens un peu frauduleuse, pourtant je ne fraudule
rien à ce moment. Mon anglais est tellement mal.
Comment je fais ?

Quand j'apprends les cours en Chine, mon
manuel dit :

« Comment allez-vous ?

— Je vais très bien et vous, comment allez-vous ?

— Je vais très bien. »

La question et la réponse sont la même !

Vieux dicton chinois : « Les oiseaux ont la langue d'oiseau, les bêtes la langue de bête. » (鸟有鸟语,兽有兽言) Mais l'anglais est une autre espèce absolument.

Le douanier tient mon passeport derrière son compteur, et mon cœur suspend haut dans le ciel. Finalement il met le tampon sur la visa. Mon cœur atterrit comme l'avion. Ah. Oh. Ho. Ha. Je prends mon bagage : maintenant je suis *alien* non frauduleuse. Mais parce que je suis l'*étranger* non frauduleuse de la région communiste, je dois rééduquer, mériter cette liberté capitaliste et cette démocratie occidentale.

Je sais une chose : je ne comprends rien les gens. Alors maintenant, tout le temps je porte le *Petit dictionnaire chinois-anglais*. Il a la couverture rouge, comme *Le Petit Livre rouge*. Je porte le dictionnaire, même dans les toilettes. Si je ne sais pas le mot d'une machine très technologique, je lis dedans. Il est ma chose la plus importante de Chine. Étrange, parce que petit signifie pas grand, modeste.

AUBERGE DE JEUNESSE

Auberge de jeunesse loc. Centre d'accueil héber-
geant les jeunes, les étudiants, les voyageurs pour
une somme modique.

Première nuit dans l'auberge de jeunesse. Le
Petit dictionnaire chinois-anglais explique : elle est
l'accueil pour « les jeunes, les étudiants, les voyageurs ». Parfois mon dictionnaire a la vérité absolument. Je suis jeune, étudiant et voyageur, et je
cherche un lieu pour accueillir. Comment il connaît
ma situation tellement précise ?

On trouvera des milliers de locutions et de
mots nouveaux reflétant l'évolution scientifique et technique, ainsi que les changements
politiques, culturels et sociaux survenus au
cours de la dernière décennie. Plus spécifi-
quement, la section chinois-anglais s'est
enrichie d'un grand nombre de termes et
d'expressions, mais aussi d'usages et de sens
qui sont entrés dans la langue, suite à la politique d'ouverture de la Chine.

La *Préface* dit cela. Toutes les phrases de la préface sont longues ainsi, pas comprendables. Mais je dois apprendre l'anglais évolué parce qu'il est la langue supérieure des hautes autorités. L'ordre de mes parents : apprendre l'écriture et la parole des Anglais en Angleterre, ensuite retourner en Chine, abandonner l'unité de travail du gouvernement et gagner beaucoup d'argent à leur usine de chaussures par les relations d'affaires internationales. Mes parents pensent : ils ont la vie de chien, mais l'argent économisé pendant toutes les années me donne la vie meilleure par l'éducation occidentale.

Dans cette attente, j'habite Nuttington House, à Brown Street, près d'Edward Road et Baker Street. J'écris tous les noms sur mon cahier. Ainsi je ne perds pas. Brown Street signifie « la rue marron » et vraiment elle est marron : elle a les immeubles en brique partout. Comme la prison. Le lit est seize livres par jour. Avec seize livres par jour, j'habite l'hôtel très luxe avec salle de bains particulière en Chine. Zut ! Maintenant, je dois apprendre de compter l'argent, et être avare avec moi et les autres.

Ma première nuit en Angleterre est un mal de tête.

Je traîne la grande valise fabriquée en Chine dans l'auberge de jeunesse, mais la deuxième roue tombe quand j'ouvre porte. (La première roue tombe quand je prends la valise sur le tapis rouleur dans l'aéroport.) Elle est la valise normale de toutes les usines de Wenzhou, ma ville originale. Le gouvernement dit que Wenzhou est la première ville industrielle de produits chinois originals. Cintres, bassines en plastique, habits, ceintures en cuir et sacs presque cuir. Toutes les familles de ma ville ont les usines. Les grandes usines exportent dans le monde entier. Par exemple, mes parents reçoivent des commandements de Japon, Singapour et Israël. Mais un seul voyage d'avion et je perds les roues. Je jure : plus jamais j'achète le produit original.

Debout au milieu de la chambre, je me sens malaise. C'est l'Occident. La fenêtre a un vieux rideau rouge avec les trous. Le sol a un vieux tapis rouge sang avec les taches louches. Même les draps ont le vieux couverture rouge. Tout est rouge sang dégoûtant.

La chambre sent vieux, pourri. Soudain mon corps sent vieux aussi. « Les Anglais respectent l'histoire, contraire à nous », les professeurs disent dans les écoles. Ils disent vrai. Aujourd'hui, les bâtiments chinois n'ont pas plus que dix ans, et pourtant ils sont déjà vieux pour démolir.

Avec mon énorme curiosité, je marche dans la rue la nuit. Première nuit loin de chez moi depuis vingt-trois années de vie. J'ai la peur de tout. Il fait grand froid de la fin de l'hiver. Gel et vent. Je suis sûre que je peux mourir ce moment ou l'autre. Je n'ai pas l'assurance dans ce pays. Je n'ai pas l'assurance, parce que je ne connais pas. J'ai la peur d'un grand danger.

J'ai la peur des voitures, parce qu'elles arrivent partout. J'ai la peur de l'homme noir et ses longues chevelures, parce que je pense il va me battre comme dans les films. J'ai la peur du chien. Il est enchaîné à la vieille dame, mais peut-être il a la maladie du chien furieux. S'il mord soudain, je vais l'hôpital et je n'ai pas l'argent pour payer, alors on me retourne en Chine.

Je marche comme un fantôme. Je vois deux hommes grossiers. Ils fument et échangent un paquet louche. Frauduleux. Je veux partir. Peut-être des drogués désespérés envieux de mon argent. J'ai même la peur du mendiant dans le sac à coucher. Ses yeux très grands dans la nuit me regardent comme le chat malcontent. Il fait quoi ici ? Tout le monde à l'Occident a la Sécurité sociale et l'assurance-maladie, non ? Pour quoi il mendie alors ?

Je retourne vite à Nuttington House. Vieux tapis rouge, vieux rideau rouge, vieux couverture rouge. Il est mieux fermer la lumière.

La nuit passe longue et seule. J'inquiète dans la chambre abîmée. Londres devrait être comme la Cité de l'empereur. La chambre voisine fait du bruit. Des rires d'alcool. Dans l'étage supérieur, le journal télévisé parle pas comprendable. Souvent l'homme crie follement dans la rue. J'inquiète. Si je perds et que personne en Chine ne connaît où je suis ? Où je trouve les sites importants, comme le palais de Buckingham et Big Ben ? Aussi, je cherche bien, mais je ne vois pas les affiches de David Beckham, les Spicy Girls ou le président Margaret Thatcher. En Chine, elles sont partout. Peut-être l'Anglais ne respecte pas ses grandes personnes ?

Je ne dors pas. Alors, j'ouvre la lumière encore. Tout est rouge. Londres la rouge. Je lis le petit dictionnaire rouge. Les mots ici ont seulement vingt-six caractères ? Les Anglais sont un peu paresseux, je pense. Les Chinois ont cinquante mille. Je commence la page un :

A

Abandon   (c'est le fait de renoncer, de se débarrasser de quelqu'un)

Abandonner (c'est quitter ou jeter)

Abasourdir (c'est rendre étourdi de surprise)

Abats   (c'est les parties vulgaires des animaux qu'on mange)

Abattement (c'est un grand épuisement ou un grand désespoir sans faire de bruit)

Abattoir   (c'est l'endroit pour tuer les animaux)

Abbaye   (c'est un temple)

Abbé   (c'est le chef du temple)

Abcès   (c'est un rassemblement de pus dans le corps)

Les mots deviennent flous et mystérieux. Le premier soir, je tombe dans le noir par la fatigue du décalage horaire.

PETIT DÉJEUNER ANGLAIS

1. Le spécial travailleur : deux œufs, haricots en sauce, galette de légumes, bacon, saucisse, champignons, tomate, deux toasts, thé ou café compris.

2. Le petit déjeuner végétarien : deux œufs, galette de légumes, galette de pommes de terre, champignons, haricots en sauce, saucisse végétarienne, thé ou café compris.

Les Chinois disent : « Parler ne fait pas cuire le riz. » La chose la plus importante dans ma vie est manger. Bien sûr, j'apprends l'anglais d'abord par ses nourritures. C'est la manière logique.

Si je lève tôt, je mange le petit déjeuner anglais à Nuttington House. Les Anglais sont trop fiers qu'ils ne disent pas « hôtel » ou « auberge de jeunesse », mais « *bed and breakfast* », « lit et petit déjeuner », parce que le petit déjeuner est très important pour la situation anglaise. Il suffit de dire *B and B*, et tout le monde comprend. Le petit déjeuner est mieux important que le lit.

Je ne connais jamais un petit déjeuner ainsi. Vraiment, c'est le grand déjeuner pour l'ouvrier qui construit le bâtiment ! Il est incroyable. Chaque matin, mon auberge de jeunesse offre ce grand repas à tous. Il dure trois heures, depuis 7 heures à 10 heures. Avec œufs brouillons, bacon très salé, pain brûlé, lait très épais, haricots sucrés à la sauce orange, café, thé, lait, jus de fruit. L'église ou le temple doit faire le même, donner la générosité aux gens. Mais 8 h 30 le matin, je refuse les deux saucisses grasses. Si elles sont faites par le cochon ou les légumes, c'est égal. Elles sont trop d'huile pour une petite Chinoise.

Quel est ce haricot anglais ? Des haricots couleur blanche, sauce orange gluante et sucrée. Je vois déjà les boîtcs de *baked beans* quand j'arrive Londres hier. En Chine, la boîte de conserve est très chère. Aussi, nous ne connaissons pas comment l'ouvrir. Alors je n'essaie jamais. Ici, juste devant moi, sûrement ce *baked beans* est très cher. Il est la nourriture recherchée. Mais quand même, le goût semble comme si on met les haricots dans la bouche et on recrache dans l'assiette.

Je reste à la table de petit déjeuner. Jamais je n'ai le ventre tellement plein, mais je prends encore deux toasts et plusieurs tomates rôties. Je ne peux plus mâcher. Mais c'est coupable de gaspiller. Alors je sors le *Petit dictionnaire chinois-anglais* dans ma poche et j'apprends. Mon école ne commence pas encore, donc je dois apprendre par moi-même. Vieux dicton chinois : « L'oiseau stupide doit savoir de voler avant que les autres oiseaux commencent de voler. » (笨鸟先飞)

Quand j'apprends le mot abdomen, la femme vient enlever la table et me dit de partir. Sûrement elle me déteste parce que je mange trop. Mais je peux faire quoi ?

Le premier matin, je vole une tasse de café blanc sur la table. Le deuxième, je vole un verre. Alors dans ma chambre je bois le thé et l'eau. Au petit déjeuner, je vole des pains et des œufs durs pour le déjeuner. Après, je ne dépense pas pour manger. Je garde même un bacon pour le dîner. Alors j'économise l'argent de mes parents et j'achète les livres ou le cinéma.

Frauduleux. Je sais. Après trois jours, je suis déjà voleur. Dans mon pays, je ne vole jamais une feuille de papier. Mais maintenant, j'apprends l'anglais super, et bientôt je vole leur langue aussi.

Personne ne sait mon nom ici. Même s'il lit : Zhuang Xiao Qiao, il ne sait pas dire. Quand il voit que mon nom commence à Z, il abandonne. Je suis l'indisable, Miss Z.

Les premiers trois jours dans ce pays, partout où je vais, j'entends la voix de mes parents à l'oreille :

« Ne pas parler les inconnus. »

« Ne pas parler où tu habites. »

« Ne pas parler combien d'argent tu as. »

« Surtout : ne donner confiance à personne. »

C'est ma vie passée. La vie chinoise avant. Les avis sont dans le dialecte paysan de ma mère, bien sûr, traduction par le *Petit dictionnaire chinois-anglais*.

CORRECTEMENT

Correctement adv. De la bonne manière ; **correct** adj. Qui correspond aux règles ; comportement conforme à la bienséance, à la morale ; moyen, passable.

Aujourd'hui, j'assois dans le taxi pour la première fois. Sinon, comment je trouve les sites d'intérêt avec le bus et le métro ? Il est impossible. Le plan du métro semble une assiette de nouilles. Le trajet du bus n'est pas comprendable. Dans ma ville originale, tout le monde prend le taxi économique, mais à Londres il est très cher. Et le taxi est comme la famille loyale, il me regarde méprisant.

Le chauffeur dit : « S'il vous plaît, la portière n'est pas fermée correctement ! »

Pourtant, je ferme déjà la portière, mais le taxi ne bouge pas.

Le chauffeur crie encore : « Veuillez fermer la portière correctement ! »

J'ai la peur un peu. Je ne sais pas « correctement ».

« Je vous demande pardon ? Quel est correcte-ment ?

— Fermez cette portière correctement ! » Le chauffeur de taxi tourne sa grosse tête sur moi. Sa colère va casser son cou, je pense.

« Mais quel est correctement, s'il vous plaît mon-sieur ? »

J'ai la peur trop forte que je n'ose plus demander.

Le chauffeur sort le taxi. Sûrement il me tue.

Il ouvre la portière et referme sur moi, violem-ment.

« Correctement ! » il crie.

Après j'entre dans la librairie et je cherche « correctement » dans le dictionnaire *Collins* (« La référence de l'anglais contemporain »). « Correcte-ment » est le « comportement conforme à la bien-séance ». Je pense mon comportement avec le chauffeur de taxi dix minutes avant. Comment il n'est pas conforme à la bienséance ? Je vais à la caisse et j'achète ce petit *Collins* pour ma poche.

Mon *Petit dictionnaire chinois-anglais* ne connaît pas « correctement ». En Chine, personne n'inquiète le « comportement conforme à la bien-séance », parce que tout le monde a le comporte-ment conforme à la bienséance.

Je veux écrire ces mots neufs tous les jours, faire mon dictionnaire intime. Ainsi j'apprends l'anglais très vite. J'écris ici et maintenant, chaque seconde, chaque minute, quand j'entends le bruit nouveau dans la bouche anglaise.

BROUILLARD

Brouillard n.m. Gouttes d'eau en suspension dans l'air au niveau du sol qui réduisent généralement la visibilité.

« Londres est la capitale du brouillard. » C'est dans le livre de l'école moyenne. Nous étudions un chapitre du roman de Charles Dickens, *Oliver Twist*, « L'Orphelin de la ville des brouillards » en chinois. Tout le monde sait Oliver Twist habite la ville avec des nombreux brouillards. Il est un roman très célèbre en Chine.

Quand j'arrive Londres, je regarde partout dans le ciel, mais les brouillards ne sont pas là.

« Pardon, où je vois les brouillards ? » je demande le policier dans la rue.

— Je vous demande pardon ? il dit.

— J'attends il y a deux jours mais les brouillards ne sont pas là. »

Il me regarde sans mot. Sûrement il ne comprend pas ce que je parle.

Quand je retourne Nuttington House après ma promenade de tourisme, la réceptionniste dit : « Il ne fait pas chaud aujourd'hui. » Pourquoi elle dit cela ? Je connais l'information. C'est trop tard de me donner l'information quand j'ai fini ma promenade de tourisme. Maintenant, je suis froide et mouillée.

Aujourd'hui, j'apprends : il n'est pas permis de rester dans l'auberge de jeunesse plus d'une semaine. Je ne comprends pas cette politique. En Chine, on dit : l'argent peut tout acheter dans les pays capitalistes. Mes parents ont le proverbe : « Si tu as l'argent, tu peux demander le diable pousser ta meule. »

Mais ici, on ne peut pas rester, même si on paie. Mes parents sont faux.

Je cherche dans le journal des petites annonces *Loot* tous les appartements économiques de zones 1 et 2 et j'appelle les agents. Tous semblent des pays arabes et tous s'appellent Ali. Leur anglais est mauvais aussi. Un Ali s'occupe le quartier Marble Arch ; un Ali s'occupe Baker Street. Mais je rencontre plusieurs Ali à la station de métro Oxford Circus, et je vois les maisons. Je ne veux pas habiter. Elles sont sales, sombres, mauvaises odeurs. Comment je ici vis ?

Londres semble tellement noble, respectable, mais quand je vais avec ces Ali, je vois Londres comme un camp de réfugiés.

DÉBUTANT

Débutant n.m. Personne qui entame un apprentis-sage.

Holborn. Premier jour d'étude dans mon école de langues. Il est très décourageant.

« Je m'appelle Margaret Wilkinson, mais appelez-moi Margaret », dit mon professeur de grammaire devant le tableau. Je ne comprends pas, je dois lui donner du respect, je ne peux pas dire Margaret seule. Je l'appelle Mrs Margaret.

« Qu'est-ce que la grammaire ? La grammaire est l'étude des mécaniques et des dynamiques de la langue », dit encore Mrs Margaret dans la classe.

Je ne comprends rien ce qu'elle parle. Mrs Margaret a des chevelures blondes bien rangées et des vêtements sérieux. Le haut et le dessous toujours la même couleur. Elle ne dit pas son âge, mais je suppose entre trente et un et cinquante-six. Ses chaussures sont femmes, cuir noir et talons hauts. Peut-être fabriquées à Wenzhou, par l'usine de mes parents. Elle doit savoir cela. Un jour je lui dis, alors elle est moins fière devant nous.

Le chinois n'a pas cette grammaire. Nous disons les choses simples. Nous n'avons pas la coutume du changement des verbes, du changement des temps, de la différence des genres. Nous sommes patrons de notre langue. Mais ici, la langue est patron de l'utilisateur anglais.

Mrs Margaret nous explique les noms. L'anglais est très scientifique, je vois. Par exemple, les noms sont deux espèces : comptables et incomptables.

Elle nous apprend : « On peut dire *une* voiture, mais pas *un* riz. » Pourtant, les voitures me sont vraiment incomptables dans la rue, mais je peux compter les riz si je donne une grande attention au bol des riz.

Mrs Margaret explique aussi les noms pluriels et singuliers.

Elle dit : « On porte des lunettes. » Mais tout le monde sait que les lunettes sont une chose seule. On porte une seule à la fois. Le bébé de quatre ans sait cela. Pourquoi gaspiller l'encre avec « s » ? Elle dit aussi les noms sont trois genres différents : masculin, féminin et neutre.

Elle dit la table est neutre en anglais.

Mais qui veut savoir cela ? Tout ici est scientifique et problématique. C'est malchance parce que ma science est toujours très mauvaise à l'école et je ne comprends jamais les mathématiques. Déjà le premier jour, je suis une ratée.

Après la pause déjeuner, Mrs Margaret explique un peu les verbes. Zut, ces verbes sont impossibles. Ils ont le participe infinitif, le participe passé et le participe présent. Et ils ont la mode aussi. Indicatif, impératif et subjonctif. Alors même les verbes obéissent la mode en Occident ?

Mrs Margaret sourit : « Ne vous en faites pas. Bientôt, vous parlerez l'anglais aussi bien que la reine. »

PRONOM

Pronom n.m. Mot qui remplace un nom et dont les fonctions grammaticales sont identiques à celles du nom.

Première semaine dans l'école de langues. Je parle ainsi :

« Qui est leur nom ? »

« Il coûte moi trois livres d'acheter ce sandwich dégoûtant. »

« Sally dit moi qu'elle boire le café. »

« Moi manger le riz frit aujourd'hui. »

« Moi regarder la télé quand en Chine. »

Toujours pareil : les gens rient chaque fois quand j'ouvre la bouche.

« Miss Zh-u-ang, vous devez apprendre à distinguer le sujet *je* du complément d'objet *moi*. »

Mais je ne comprends rien son anglais de la reine.

Alors j'ai deux *moi* ? Mrs Margaret dit il y a le sujet *je* et l'objet *je*. Pourtant je suis un seul je. Ou alors Mrs Margaret pense la réincarnation ou la vie dans l'au-delà.

Aussi, je dérange les mots quand je parle. Les Chinois commencent la phrase par les concepts de *temps* et *lieu*. L'ordre est ainsi :

« L'automne dernier sur la Grande Muraille nous mangeons le barbecue. »

Le temps et l'espace sont plus grands que le petit humain dans notre pays. C'est différent de la phrase anglaise, quand « je » ou « Jake » ou « Mary » sont toujours premiers, comme s'ils sont la chose la mieux importante.

L'anglais est une langue sexiste. Le chinois n'a pas la différence du genre dans sa phrase. Mrs Margaret dit à la classe :

« *Le* professeur demande à *chacun* de faire de son mieux. »

« Si *un* élève ne peut assister au cours, *il* doit avertir *son* professeur. »

« Nous devons élire *un président* du syndicat des *étudiants*. »

Toujours les hommes, jamais les femmes !

Mrs Margaret dit les verbes sont les plus difficiles pour nos Asiatiques. Ils ne sont pas « difficiles », ils sont « impossibles ». Je ne comprends jamais comment verbe change toujours.

Un jour, je trouve une pièce de William Shakespeare dans la bibliothèque de l'école. J'étudie sérieusement. Je n'arrête pas pour déjeuner. J'ouvre le *Petit dictionnaire* plus de quarante fois pour chercher les mots neufs. Quand je connais bien William Shakespeare, je retourne chez moi pour apprendre à tous les Chinois. Même mon père sait Shakespeare est une grande personne, parce que dans les classes d'éducation populaire de notre ville, tous apprennent que Shakespeare est l'Anglais le mieux célèbre.

Mais quand même, Shakespeare écrit des fautes aussi. Si je parle comme lui, sûrement Mrs Margaret est malcontente. Je lis *Macbeth* :

> Par des mots inconnus, ces êtres monstrueux
> S'appeloient tour à tour, s'applaudissoient entr'eux
> S'approchoient, me montroient avec un ris farouche[1].

Je ne comprends pas. Pourquoi « s'appeloient » ? Comment « entr'eux » ? Quel est ce « ris » ? Si Shakespeare écrit ainsi, alors mon orthographe n'est pas tellement faux.

Après la classe de grammaire, j'assois dans le bus et je réfléchis en profondeur à ma nouvelle langue. La personne est le sujet dominateur dans la phrase anglaise. Alors, est-ce que la culture occidentale respecte les individus plus ? Quand j'ouvre le journal chinois, je lis les titres : « Notre histoire décide qu'il est temps de s'enrichir » ou « Le Parti communiste prépare sa troisième réunion » ou « Les jeux Olympiques de 2008 demandent que les citoyens cultivent plus de légumes. » Ici le sujet n'est jamais les hommes ou les femmes. Peut-être les Chinois sont honteux de mettre leur nom le premier parce que ce n'est pas une attitude modeste.

---

1. Shakespeare, *Macbeth*, traduction de Jean-François Ducis, P.-F Gueffier, 1790.

SLOGAN

Slogan n.m. Formule concise utilisée en politique ou dans la publicité.

J'achète *Le Petit Livre rouge* en anglais dans la librairie. Lecture difficile, mais les slogans du président Mao sont très importants pour discuter avec les Anglais. Le livre n'a pas le nom du traducteur sur la couverture. Oui, personne ne peut partager l'œuvre de Mao. Le président Mao…

> … a hérité du marxisme-léninisme, il l'a défendu et développé avec génie, créativité et exhaustivité. De plus, il l'a poussé à un niveau jamais atteint.

Les traducteurs de ce livre semblent une plume à côté de la montagne Tai.

En Occident, les paroles de Mao marchent pour moi, même si elles ne marchent plus en Chine maintenant. Par exemple, aujourd'hui il y a un grand désordre dans les rues de Londres. Partout les gens avancent et disent non à la guerre en Irak.

« Pas de guerre pour le pétrole ! »

« Écoutez le peuple ! »

Les protestants sont de partout en Angleterre : socialistes, communistes, professeurs, étudiants, mères de famille, travailleurs, femmes musulmanes voilées avec leurs enfants... Ils dirigent à Hyde Park. Je suis derrière eux, parce que je ne trouve pas la rue de l'auberge de jeunesse. Je n'ai pas le choix. Je cherche des visages chinois dans la protestation. Ils ne sont pas beaucoup. Peut-être ils n'ont pas le temps, parce qu'ils travaillent tellement à gagner de l'argent avec les traiteurs chinois.

Les gens dans la rue semblent très contents. Des sourires beaucoup. Ils sont heureux dans le soleil. La protestation semble un pique-nique de toute la famille, le week-end. Quand elle est finie, tout le monde va pressé de boire la bière dans les pubs. Les femmes se rassemblent dans les maisons de thé et massent les pieds fatigués.

Est-ce que cette protestation peut arrêter guerre ?

Dans *Le Petit Livre rouge* de Mao, j'apprends à l'école :

> La révolution n'est pas un dîner de gala ; elle ne peut se faire comme une œuvre littéraire, un dessin ou une broderie ; elle ne peut s'accomplir avec autant d'élégance, de tranquillité et de délicatesse, ou avec autant de douceur, d'amabilité, de courtoisie, de retenue et de générosité d'âme. La révolution, c'est un soulèvement, un acte de violence par lequel une classe en renverse une autre.

Sûrement les communistes aiment la guerre mieux que tout le monde. Mao pense la guerre peut être « juste », même si elle est sanglante. (Il y a le sang chaque jour de toute manière…) Il dit :

> Il faut, dès qu'on le peut, opposer à une guerre injuste une guerre juste.

Alors, si les gens ici veulent opposer à la guerre en Irak, ils doivent faire la guerre civile à leur Tony Blair ou leur Bush. Si trop de gens saignent chez eux, leur pays ne va pas faire la guerre ailleurs.

TEMPS

Temps n.m. Passage des ans, durée ; état des conditions atmosphériques considérées en fonction de leur influence sur la vie et l'activité humaine.

Avec la boulette de viande et la tranche de porc du supermarché dans mon sac, je vais dans une maison de thé qui s'appelle Le Thé anglois d'aultrefois. Pourquoi « anglois » et pas « anglais » ? Et « aultrefois » ? Orthographe faux.

La maison de thé semble un bâtiment très ancien du style de la dynastie Qing dans l'attente de la démolition. Tout est très vieux ici, surtout la grosse poutre de bois au milieu pour porter le toit. Le vieux tapis sous les pieds est un motif fleuri très compliqué, comme s'il vient de la maison de la mère de l'empereur.

« Où voulez-vous vous asseoir ? » « Que désirez-vous ? » « Une table pour une personne ? » « Vous attendez quelqu'un ? » Le serveur souriant demande trop de questions. Il me fait sentir un peu seule. En Chine, je n'ai pas le concept de seulitude. Il y a toujours la famille ou la foule. Mais en Angleterre, je suis toujours seule, même le serveur me rappelle d'être seule…

Les gens écoutent le bulletin météo dans la maison de thé. À Londres, on écoute le temps à la radio toujours. La radio donne la situation du temps, comme si un typhon arrive bientôt. Pourtant l'Angleterre ne connaît jamais les typhons. Je regarde dans le *Petit dictionnaire chinois-anglais*. Je lis « les temps sont durs ». C'est raisonnable. En Angleterre, les temps ne sont pas durs, ils sont impossibles. Il y a toujours un doute ou un choix pour les temps. Temps tôt il pleut, ou temps tôt il fait soleil, on ne sait jamais.

Il est très difficile de comprendre le bulletin météo. L'homme ne dit pas seulement « pluie » ou « soleil », parce qu'il emploie les mots très compliqués et dramatiques. Il informe le temps comme il informe la guerre. « Malheureusement… Espérons-le… » Si j'écoute deux heures la radio, j'écoute deux fois la météo. Peut-être ils voient l'Angleterre grande comme la Chine pour le répéter toujours ? Ou bien les nuages de ce pays changent chaque instant. Oui, regarde les nuages maintenant, ils sont très louches ! Pas comme dans ma ville originale. Souvent le temps reste plusieurs semaines sans un nuage dans le ciel, alors le bulletin météo ne peut rien dire. Ou des fois, il dit simplement : « C'est *yin* », pour signifier le temps est négatif.

CONFONDANT

Confondant adj. Qui confond, étonne, stupéfie.

Les nourritures ici sont très confondantes. Les Anglais mangent et boivent des choses étranges. Même Confucius trouve l'anglais confondant s'il vient ici, je pense.

L'après-midi est déjà là, environ 3 heures et je suis faim. Qu'est-ce que je peux manger ? Je demande le serveur. Il propose « Le thé de la maison ». Comment ça, on mange le thé ?

Alors il me montre le tableau noir avec le menu :

« Le thé de la Maison ».
2 scones
confiture
crème fouettée 3,75£
théière

D'accord, je dois manger ou j'évanouis. Après trois minutes, mes nourritures arrivent : les *scones* sont chauds, épais et secs, la crème incroyable, le beurre gras et les confitures de trois manières : framboises, fraises et mûres. Une théière blanche, une tasse blanche.

Je lis la crème fouettée sur le tableau noir. Encore une nourriture confondante. Quelle est cette crème ? Comment on fouette ? Un jour, je vois une affiche près Chinatown. Sur l'affiche, une dame nue, sauf les bottes de cuir et la culotte de cuir. Elle fouette l'homme nu à genoux. Est-ce que le cuisinier anglais fouette aussi dans le restaurant ?

Je mets les *scones* dans ma bouche et je bois le thé comme un cheval. Derrière moi, une personne demande un café frappé.

C'est une dame et un jeune homme. Elle dit : « Est-ce que je pourrais avoir un café frappé, s'il vous plaît ? Et mon ami prendra un café serré. »

Sûrement c'est un travail étrange de serrer ou frapper les cafés. Ici, boire est une chose compliquée.

Et les eaux sont encore plus compliquées. Peut-être parce que les Anglais ont la pluie tous les jours. Il y a trop, alors ils fabriquent toutes ces eaux différentes.

J'ai soif après les *scones* secs.

Le serveur demande : « Que désirez-vous ? De l'eau plate ou vaseuse ? »

— Hein ? L'eau vaseuse ? » Je suis choquée.

« D'accord, de l'eau vaseuse. » Il va chercher une bouteille d'eau.

J'ai une grande curiosité de cette eau étrangère. J'ouvre la bouteille et les bulles montent à la surface. Comment on met ces bulles dans l'eau ? Sûrement, elles sont la technologie avancée. Je bois. Le goût est amer, très vaseux, pas naturel du tout, comme le poison.

MAL DU PAYS

Mal du pays loc. Regret du pays natal et de la famille.

Dans mon école de langue, Mrs Margaret demande :

« Voulez-vous du thé ?

— Non », je réponds.

Elle me regarde, le visage fixe. Alors elle demande encore :

« Vous préférez peut-être du café ?

— Non, jc nc vcux pas.

— Vous êtes sûre que vous ne voulez rien ?

— Non, je ne veux rien de mouillé », je dis, fortement, précisément.

Mrs Margaret paraît très malcontente.

Mais pourquoi elle me demande encore ? Je réponds déjà la première fois.

« Eh bien ! » Mrs Margaret soupire profond. Alors elle se lève et fait le thé. Elle boit avec soif, comme le chameau furieux dans le désert. Je suis étonnée. Est-ce que je dois faire le thé avant qu'elle demande ? Mais comment je sais qu'elle a soif si elle ne dit pas franchement ? Toutes ces manières compliquent énormément. La Chine n'a pas ces politesses.

Et comment j'apprends les politesses si je ne peux pas parler les gens ? Toujours seule, je parle mon cahier ou je promène comme le fantôme invisible. Les gens ne me parlent pas et je n'ose pas ouvrir la bouche, parce que je pose toujours la question malpolie.

« Pardon, vous savez qu'il y a des boutons rouges sur votre figure ? »

« Vous êtes un peu plus grosse que moi, non ? »

« Je ne crois pas nous avons le même âge. Vous semblez très plus vieille que moi. »

« Vous êtes une personne normale, je pense. Pas une personne spéciale. »

« Vous cuisinez les nourritures dégoûtantes. Pourquoi personne ne vous dit cela ? »

J'ai déjà la réputation dans mon école. On dit : « Vous savez, la Chinoise… » « Laquelle ? » « La malpolie, bien sûr ! » Je l'entends plusieurs fois. Peut-être je dois étudier *L'Atelier de savoir-vivre* de Manners International, qui fait la publicité dans mon journal chinois :

Manners International conçoit des cours de savoir-vivre sur mesure, adaptés aux besoins des particuliers, mais aussi de l'entreprise, des professionnels, de l'école, des jeunes filles ou de la famille.

Je suis précisément ce « particulier » qui a des besoins, si le prix n'est pas trop cher. La rééducation importe toujours.

Mrs Margaret me regarde malheureusement. Elle dit : « Vous devez avoir le mal du pays. »

Elle n'est pas vraie. Ma famille ne me manque pas. Ma petite ville originale non plus. Elle est très ennuyeuse. Je suis contente de ne pas penser les chaussures dans les rayons du magasin de mes parents. Je suis contente de ne pas travailler tous les jours à l'unité de travail. Seulement les nourritures me manquent. Canards rôtis, beaux agneaux dans la marmite bouillante, poissons épicés de piment rouge… Quand je pense les nourritures, je sens que je fais une grande erreur de quitter la Chine.

Ce pays m'est un nouveau monde. Je n'ai pas de passé dans ce pays. Pas de souvenirs encore, ni joies ni tristes. Seulement des informations, des centaines et milliers d'informations qui agitent ma tête, chaque jour.

J'ai assez d'être seule. Sauf le cours d'anglais tous les matins, je suis seule toujours et je parle à moi-même. Quand le ciel devient noir, je veux tenir du chaud dans ce pays froid. Je veux trouver l'ami pour apprendre ce pays étrange. Peut-être je trouve un homme et il m'aime. Un homme dans ce pays. Il me sauve, prend, adopte, il est ma famille, ma maison. Chaque nuit, quand j'écris mon journal intime, je deviens perdue. J'écris chinois ou anglais ? Je veux dire les choses, mais je ne sais pas : je vois un autre petit moi. Il essaie de s'exprimer dans une autre langue.

Peut-être j'ai faux de me sentir seule, parce que quand même, je peux parler avec l'autre « moi ». C'est comme si je vois mes deux lèvres parler deux langues différentes ensemble. Oui, je ne suis pas seule, car je suis avec l'autre moi, comme Austin Powers et son Mini-Moi.

ALLER

Aller v. Se déplacer, se rendre quelque part ; devant un infinitif, exprime le futur proche.

Les gens disent : « Nous allons aller au cinéma... »

Pourquoi deux aller dans la phrase ? Pourquoi il ne suffit pas d'un aller pour aller ?

Nous allons aller au supermarché pour acheter des cochons ?
Vous allez aller à l'Oxford Circus pour acheter des habits ?
Ils vont aller au parc pour une promenade ?

« Je vais » suffit pour dire « Je vais aller... » Franchement.

Cet après-midi, je vais aller au cinéma voir la double affiche : *Diamants sur canapé* et *Certains l'aiment chaud*. Ils ont un sens des affaires super dans ce pays. Les gens paient une seule fois pour voir deux films, mais prix double ! Le cinéma est mon paradis. Quand une personne ne sait rien de la vraie vie, elle peut entrer dans le cinéma et choisir un film. En Chine, je vois des films américains, comme *Titanic* et *Rush Hour*. Bien sûr, les stars d'Hollywood parlent chinois et je peux chanter la chanson du *Titanic* en traduction chinoise : « Mon cœur va continuer toujours. »

Les films américains sont étranges à Londres. Les gens dans mon école disent de prendre ma carte d'étudiant, alors j'ai les prix réduits. La semaine dernière, je vais au Prince Charles de Chinatown. Il semble le cinéma le plus économique de Londres. Deux films passent : *Mulholland Drive* et *Blue Velvet*. Les deux sont quatre heures. Parfait pour ma nuit solitaire. Alors j'achète les billets et entre.

Zut, ces films sont fous. Je ne comprends pas tous les mots, mais je comprends une chose : je ne dois jamais marcher l'autoroute la nuit toute seule. Le monde effrayant et étrange semble un rêve sombre et mystérieux. Je tremble quand je sors le cinéma. Je cherche l'arrêt de bus pour rentrer, mais des jeunes garçons stupides sont là. Ils crient et jurent, un peu comme les terroristes. Un vieux ivrogne dans la rue avance vers moi et me dit les mots pas comprendables. Peut-être, il me croit prostituée. L'Angleterre est un pays désespérant, pourtant ils ont tout ici : la reine, le palais de Buckingham, la famille loyale, le métro plus vieux et plus lent du monde, la BBC, Channel 4, W.H. Smith, Marx & Spencer, Tesco, Soho, Millenium Bridge, Tate Modern, Oxford Circus, la Tour de Londres, le cidre, la bière, et même Chinatown.

Après *Diamants sur canapé*, où la femme chic s'habille prostituée, et *Certains l'aiment chaud* où les hommes s'habillent femmes, je retourne à mon nouveau logement. La location est économique, soixante-cinq livres par semaine, mais il est vraiment affreux. La rue a l'odeur de pisse. La station de métro la plus proche s'appelle Tottenham Hale.

Une famille cantonaise occupe la maison de deux étages : la mère au foyer, le père cuisinier à Chinatown, et le fils de seize ans qui parle avec l'accent britannique. Il semble que la politique de l'enfant unique émigre en Angleterre. Le jardin est tout béton, sans aucun vert. Souvent, une petite herbe sauvage pousse entre les bétons, mais vite la femme tire et tue l'herbe. Les arbres touffus des voisins essaient de traverser le barrière rouillée, mais rien n'atteint cette famille tout béton. La maison semble une usine chinoise : le travail mal payé pour gagner l'argent, et pas de vie, pas de vert, pas d'amour.

La famille parle cantonais, donc je ne comprends pas. Le calendrier lunaire chinois est sur le mur. Wok, baguettes, mahjong, programmes télé chinois par câble… Tout dans la maison est traditionnel. Un peu ennuyeux. Dehors, le paysage a mal. Peut-être les vieux rails rouillés vont à un endroit plus intéressant. Je suis les rails et je vois le centre commercial pas très loin. Un MacDonald's, un KFC, un Burger King, une station d'essence Shell, une station de métro Tottenham Hale, l'air triste.

Tous les soirs, je sors la station de métro et je rentre en tremblant. J'ai la peur de tous les coins noirs. Ici, des hommes fous ou des hommes jeunes vous lancent des pierres ou vous crient sans raison.

Ici, les voleurs volent les gens plus pauvres qu'eux. En Chine, on pense : « Vole les riches pour nourrir les pauvres. » Mais les voleurs n'ont pas de poésie en Angleterre.

« Oser lutter, oser vaincre » : les mots du président Mao sont les amis perdus de vue qui reviennent me voir. J'ai besoin de quelqu'un pour me protéger, m'accompagner, mais pas pour me regarder dans le noir. J'espère le sourire d'un homme, j'espère le sourire, même s'il se ferme après quelques secondes.

Mars

HOMOSEXUEL

Homosexuel, elle adj. et n. Personne qui éprouve une attirance pour les individus de son propre sexe.

Je te rencontre dans le cinéma. Le film est *Tous les autres s'appellent Ali*, du réalisateur allemand Rainer Werner Fassbinder. Le programme écrit que Fassbinder est homosexuel. Quel est cet homosexuel ? Heureusement, j'ai le *Collins English Dictionary* (La référence de l'anglais contemporain). Il m'explique l'homosexuel. Ce mot est étrange, je ne peux pas l'imaginer.

Le film passe au Ciné-Lumière, près de South Kensington. À 7 heures le soir, lundi, la pluie. Pas plus de dix personnes, là moitié sont des couples et ils ont les cheveux blancs. Et toi tu es là.

Tu es seul. Tu assois presque à mon côté. Deux sièges entre nous. Ton visage est un peu pâle dans la faible lueur, mais beau. Moi aussi je suis seule dans le cinéma. Je suis toujours seule dans le cinéma avant de nous rencontrer. Je ne suis pas sûre si le cinéma me rend moins seule ou plus seule.

Sur l'écran, une vieille femme danse avec un jeune homme noir dans un pub. Tous les gens du pub regardent. La vieille femme sourit humble. Elle a la vie dure. Puis je vois ton sourire dans la lumière sombre. Comment je peux voir ton sourire quand je regarde le film ? Tu tournes ton visage et comprends que je regarde toi. Tu souris encore, mais très doux et très petit. Tu retournes à l'écran.

Tu as le sourire chaud. Le sourire de bébé. Personne ne me sourit ainsi dans ce pays froid avant. Dans la noirceur, je me dis que tu dois être un homme bon.

C'est un film qui montre l'amour impossible entre une vieille femme blanche et un jeune homme noir. Mais quel rapport avec l'homosexuel ?

Après le film, nous sortons. Nos corps sont très près. Au-dehors, les lumières de la route éclairent nos visages enfin.

Alors, avec ton sourire doux, tu demandes :

« Le film t'a plu ? »

Je dis oui de la tête.

C'est comme si le mauvais temps anglais s'ensoleille soudain.

Tu demandes comment je m'appelle. Je dis mon nom commence à Z : « Mais s'il te plaît, ne t'embête pas de le souvenir, mon nom est trop long à prononcer. » Alors tu me dis ton nom, mais comment je rappelle un nom anglais ? Les noms occidentaux ne sont pas rappelables, comme les visages occidentaux sont tous pareils. Mais je veux te souvenir, je veux souvenir la différence entre toi et les autres. Je regarde ton visage. Yeux marron, transparents. Cheveux marron épais, couleur feuille d'automne. Ta voix est douce, mais solide. Elle ne semble pas dangereuse.

Nous marchons entre South Kensington et Hyde Park. Une longue route pour les pieds. De quoi parlons-nous ? Je raconte mon fameux thé anglais crémeux. Tu préfères la pâtisserie française.

« Tapisserie ?

— Non. Pâtisserie.

— Comment j'écris ?

— P-â-t-i-s-s-e-r-i-e. » Tu parles lentement et tes lèvres bougent lentement, comme Mrs Margaret.

« Elle est quoi ? » Je ne porte pas le dictionnaire avec moi cette nuit.

Tu arrêtes devant une « pâtisserie française » très chic. Ouverte encore malgré tard. Des beaux gâteaux sont derrière la vitrine.

« Lequel te ferait plaisir ? » Tu me regardes.

J'inquiète le prix.

« Je ne sais pas. » Je n'ai aucune connaissance de ces choses molles.

« Dans ce cas, je choisirai pour toi. »

Tu me donnes un gâteau crémeux.

« C'est quoi ? » Je le tiens dans ma main avec grande attention.

« É-c-l-a-i-r a-u c-h-o-c-o-l-a-t.

— D'accord. »

Je mords, mais la crème gicle et tombe sur la rue.

Je regarde la tache crémeuse sur la rue sale.

« Tant pis », tu dis.

Alors nous parlons, parlons, parlons en traversant Hyde Park, West End, et Islington pour aller chez moi. Presque quatre heures de marcher. Mes jambes sont très mal et ma gorge est très sèche, mais je m'amuse beaucoup. C'est la première fois qu'une personne marche à mon côté dans la nuit froide.

Aussi, c'est la première fois qu'une personne est patiente d'écouter mon anglais non-sens et m'apprend les jurons. Tu es meilleur que Mrs Margaret. Elle nous laisse libre de parler jamais.

Lorsque je rentre, c'est déjà la nuit profonde.

Devant la maison, tu embrasses mes deux joues et attends que je vais à la porte.

Tu dis : « Je suis ravi d'avoir fait ta connaissance. »

Tout se passe dans une grande douceur.

Je veux monter dans ma chambre pour penser l'Anglais qui sourit et m'embrasse comme un amoureux, mais je vois le propriétaire chinois assis dans la cuisine, devant la télé pour m'attendre. Il bâille. Il inquiète parce que je retarde. À l'instant même, sa femme descend en robe de nuit.

« Nous étions inquiets ! Jamais nous ne rentrons aussi tard que toi ! »

Sa voix nerveuse est comme ma mère. Ma mère me discute toujours ainsi.

Je dis tout va bien. N'inquiète pas.

La femme me regarde sérieusement : « C'est dangereux la nuit. En plus, tu es une jeune fille. »

J'enlève mes chaussures coupables.

« La prochaine fois si tu rentres tard, appelle mon mari. Il viendra te chercher. C'est l'Angleterre, pas la Chine. Les hommes se soûlent souvent au pub ! »

Le mari bâille encore et arrête la télé. Il semble énervé et fatigué.

Je me sens bien quand je ferme la porte de ma chambre. Mon cœur a un secret pour réchauffer ma nuit.

Les feuilles soufflent dehors. Les lumières de la rue brillent derrière ma fenêtre. Je pense que je suis la seule personne réveillée dans le monde. Je pense la Chine, la vieille Allemande qui danse, ton sourire. Je m'endors avec des sensations agréables dans mon corps.

INVITER

Inviter v. Prier quelqu'un de venir en un lieu, chez soi, l'héberger. Payer le repas, la consommation ; ordonner, inciter.

Un jour nouveau. Tu téléphones. Aussitôt je connais ta voix. Tu me demandes si je veux aller à Kew Gardens.

« Qui-ou quoi ?

— Retrouve-moi à la station Richmond. R-i-c-h-m-o-n-d. »

Le temps fait beau. Quelle surprise ! C'est très paisible dans le pré d'herbe. Très vert. Les fleurs de cerisiers viennent d'ouvrir et tu racontes tes perce-neige préférés. Nous visitons plusieurs petits jardins différents. Chacun a son pays. Le jardin africain a les palmiers. Le jardin nord-américain a les rochers. Le jardin sud-américain a les cactus. Et il y a aussi les jardins asiatiques. Je suis heureuse que le directeur n'a pas oublié l'Asie.

Mais je suis très déçue quand nous entrons là. Les lotus et les bambous poussent dans le jardin indien, les pruniers et le pont en pierre poussent dans le jardin japonais. Où est mon jardin chinois ?

« Apparemment, il n'y a pas de jardin chinois, tu dis.

— Mais c'est très injuste, je réponds d'une voix de colère. Les bambous appartiennent à la Chine. Les pandas mangent les feuilles des bambous en Chine, tu dois connaître, non ? »

Tu ris. Tu es d'accord. Il faut enlever certaines plantes du jardin indien et japonais pour faire le jardin chinois.

La prairie nous demande de nous allonger. Nous reposons à côté. Je ne fais jamais cela avec un homme avant. Le jus de l'herbe mouille mon tee-shirt blanc. Mon cœur fond. Le ciel est bleu et l'avion vole sur nous, bas et précis. Je vois les ombres de l'avion bouger sur la prairie.

« Je veux voir où tu habites », je dis.

Tu regardes dans mes yeux.

« Passe quand tu veux. Je t'invite. »

MALENTENDU

Malentendu n.m. Méprise concernant des propos ou des actes.

Les choses commencent ainsi. Par le malentendu. Quand tu dis : « Je t'invite », je pense que tu m'invites de rester dans ta maison. Une semaine plus tard, je pars le propriétaire chinois.

Je n'ai pas grande chose, seulement une grosse valise qui manque des roues. Le mari m'aide de porter la valise. La femme ouvre la porte. Ta camionnette blanche attend dehors, et tu poses les mains sur le volant.

Le mari met la valise qui manque des roues dans ta camionnette, tu souris le propriétaire et ouvres la clé de contact.

Je veux demander les propriétaires quelque chose que je veux toujours savoir, alors je passe ma tête dans la fenêtre :

« Pourquoi vous ne mettez pas les plantes dans le jardin ? »

La femme hésite : « Pourquoi ? Ce n'est pas facile de faire pousser des plantes dans ce pays. Il n'y a pas de soleil. »

Une dernière fois, je regarde le jardin tout béton. Toujours ce même jardin sans histoire. Comme le petit morceau du désert de Gobi. Quelle vie ! Mais peut-être tous les immigrants ici vivent la même ?

La camionnette blanche avance, je réponds la femme :

« C'est faux. Ce pays a beaucoup de vert. Pourquoi vous dites que ce n'est pas facile de pousser les plantes ici ? »

Nous laissons la maison derrière. Le couple fait signe des mains.

« Les Chinois sont étranges parfois », je dis.

Tu souris : « Je ne comprends rien aux Chinois. Mais j'ai envie de te connaître. »

Nous roulons dans la grande rue. Ma valise sage attend derrière. C'est toujours tellement facile de déménager en Occident ? Je suis contente de partir mon Tottenham Hale gris et ennuyeux pour un quartier meilleur. Mais les rues deviennent violentes. Beaucoup des enfants noirs crient dehors. Les mendiants sont assis par terre avec les chiens, fument et murmurent.

« Où est ta maison ? je demande.

— Hackney.

— Hackney est comment ?

— Hackney ? C'est Hackney », tu réponds.

CÉLIBATAIRE

Célibataire n.m. Personne en âge d'être mariée et qui ne l'est pas.

Ton habitation est une vieille maison solitaire entre les immeubles affreux pour les pauvres. La face est peinte jaune citron. Les deux côtés sont des briques couvertes des mousses et des feuilles de jasmin. Derrière les feuilles, je devine la maison très humide et abîmée. Sûrement, cette maison voit des histoires nombreuses.

Tu es le vrai célibataire. Ton lit est une place. Il est fait par morceaux de bois lourds, avec au-dessous des caisses boisées. Vieilles literies. Il doit être très dur pour dormir, comme les lits *kang* en brique des paysans chinois. Dans la cuisine, les tasses sont partout. Toutes les tasses sont différentes des autres, grande ou petite, mi-neuve ou cassée… Chacune sont uniques : pas de compagnie, de partenaire, de paire.

Le premier jour, la conversation est ainsi :

Je dis : « Je mange. Tu manges ? »

Tu corriges ma manière incorrecte : « Je voudrais manger. Veux-tu manger avec moi ? »

Tu demandes : « Est-ce que tu veux du café ? »

Je réponds : « Je ne veux pas le café. Je veux le thé. »

Tu me changes : « Je prendrais volontiers du thé. »

Alors tu ris de mon étonnement et tu changes encore tes mots : « J'aimerais autant du thé, s'il te plaît. »

Je demande : « Comment tu peux utiliser le mot "aimer" avec du thé ? »

La première fois que tu fais la cuisine pour moi. Elle est des feuilles crues avec deux œufs durs. L'œuf salade. C'est tout ? C'est cela que les Anglais offrent dans leurs maisons ? En Chine, il est mauvais de donner des nourritures froides aux invités, seulement les mendiants ne protestent pas des nourritures froides. Peut-être tu ne sais pas préparer la cuisine parce que tu es célibataire.

J'assois à ta table et je mange sans paroles. L'abat-jour suspend au-dessus de ma tête, le robinet goutte dans l'évier. Quel grand calme ! Il est effrayant. Jamais, je ne mange calme ainsi en Chine. Je suis toujours avec les nombreux membres de la famille, ils crient et hurlent en mangeant. Ici, le bruit est seulement de la fourchette et le couteau. Je tombe le couteau deux fois, alors je décide d'utiliser seulement la fourchette dans ma main droite.

Mastication. Mastication. Pas de conversation.

Tu me regardes manger, patiemment.

Enfin tu demandes : « Alors, c'est bon ? »

Je hoche la tête, prends une autre feuille dans ma bouche. Mais je souviens que parler la bouche pleine n'est pas la manière correcte. Tu attends. Mais ta patience se termine peut-être, parce que tu réponds ta question avec ma voix : « Oui, c'est très bon. C'est excellent. »

La mémoire devient incertaine.

La mémoire garde un portrait de toi. Un portrait abstrait comme les tableaux que j'ai vus à la Tate Modern, détails flous et traits esquissés. Je commence à dessiner ce portrait, mais ma mémoire de toi ne cesse de changer, et je dois changer le portrait.

Traduit par l'éditeur

AVOIR LA MAIN VERTE

Avoir la main verte loc. Être habile à cultiver les plantes.

Notre première nuit. Nous faisons l'amour ensemble la première fois. Je fais l'amour la première fois.

Tu es beau, je pense. Tu es beaux sourires, beau visage, beau langage. Tu parles lentement. J'entends presque chaque mot parce que tu parles très lentement. Parfois je ne comprends pas, mais je te comprends plus que tout le monde que je rencontre en Angleterre.

Alors tu enlèves tes vêtements.

Je regarde. Le corps de l'homme semble affreux. Poils, os, muscles, peaux, encore des poils. Je sens ton odeur. Odeur forte. Odeur animale. Odeur dans tes cheveux, tes poitrines, ton cou, tes aisselles, tes peaux, chaque petit morceau de ton corps.

Odeur forte, âme forte. Je la sens et je la touche. Et je pense, peut-être ton corps est beau aussi finalement. C'est la maison de ton âme. Je demande ton âge, parce que c'est la première question que les Chinois demandent l'inconnu. Tu dis quarante-quatre ans. Vingt de plus que moi. Quarante-quatre ans est vieux dans ma pensée chinoise, vraiment vieux. C'est l'âge qui oublie loin la jeunesse. Je dis le nombre des ans semble vieux, mais tu sembles jeune. Tu dis merci et ne dis pas plus.

Je pense tu es beau, même vieux. Je pense tu es trop beau pour moi et je ne mérite pas.

Très tôt le matin. Tu dors la respiration légère. Je regarde à travers la fenêtre de la chambre. Le ciel pâle s'allume. Je vois les vieux petits raisins séchés sous les plantes grimpantes autour de la fenêtre. Leur forme devient précise dans la lumière matinale du printemps froid. Le jardin est très vert, et désordre. Tes vêtements et chaussettes pendent la corde à linge. Tes outils de jardiner traînent par terre.

Tu es un homme, bricoleur et physique. C'est un jardin d'homme.

Avec toi je me sens fragile. Avec l'amour je me sens fragile. Parce que je ne suis pas belle. Jamais on me dit que je suis belle. Toujours ma mère me dit que je suis laide. « Tu es une paysanne laide. Tu dois le savoir. » Ma mère dit cela pendant mes vingt-trois ans. Peut-être c'est pourquoi je n'ai pas de petit ami comme les autres filles chinoises à mon âge. Lorsque je sens la difficulté de communiquer avec les autres, les paroles de ma mère hurlent dans mon oreille. Je suis une paysanne laide. Je suis une paysanne laide.

« Tout mon corps t'appelle », tu dis.

La plus belle phrase que j'entends de ma vie.

Mon mauvais anglais n'égale pas ton beau langage.

71

Je tombe amoureuse de toi, mais mon amour ne peut pas égaler ta beauté, je pense.

Puis le jour. Le soleil éclaire ses rayons du jardin à notre lit. Les oiseaux chantent sur le toit. Le matin ensoleillé doit rendre les gens plus heureux dans ce pays d'ombre. Je te regarde ouvrir les yeux. Nous voyons nos nudités sans distance, dans la lumière de la réalité. « Bonjour. Tu es encore plus jolie qu'hier », tu dis. Et encore nous faisons l'amour dans le matin.

FÉCONDER

Féconder v. Transformer (un ovule, un œuf) en embryon ; ensemencer, fertiliser (la terre) ; rendre productif, capable de se développer.

Tu me montres dans le jardin. Il est très petit, peut-être dix mètres carrés. Un par un, tu me présentes toutes les plantes que tu mets là. Seize plantes différentes dans un jardin de dix mètres carrés. Dans mon village original en Chine, la plante unique pousse dans les champs : le riz.

Tu connais le nom de chaque plante, comme si elles sont ta famille et tu essaies de m'apprendre. Mais je ne souviens pas tous les noms, alors tu écris :

Pomme de terre	Haricot vert
Jonquille	Glycine
Lavande	Vigne
Menthe	Laurier
Épinards	Géranium
Thym	Betterave
Aneth	Maïs
Pommier	Figuier

Je te dis que toutes ces plantes ont des noms et des sens très différents en chinois. J'écris pour toi les noms en chinois et j'explique chaque mot :

Pomme de terre : 土豆
haricot de terre

Jonquille : 水仙
fée des eaux

Lavande : 薰衣草
herbe à parfumer les vêtements

Menthe : 薄荷
lotus léger

Épinard : 菠菜
légume aqueux

Thym : 百里香
qui parfume à cent lieues

Aneth : 莳萝
herbe du temps

Pommier : 苹果树
arbre fougère

Haricot vert : 豆子
fils du haricot

Glycine : 紫藤
plante grimpante violette

Vigne : 葡萄
plante rampante

Laurier : 月桂树
laurier de lune

Géranium :   天竺葵
                  fleur de bambou aérien

Betterave :   甜菜
                  légume sucré

Maïs :   玉米
                  riz de jade

Figuier :   无花果树
                  arbre fruitier sans fleurs

Tu ris quand tu entends les noms : « J'ignorais que les flûtes poussaient sur les arbres. » Il semble que je suis une grande comédie pour toi. Je ne comprends pas pourquoi c'est tant drôle. Tu dis : « Tu n'arrives pas à prononcer les R. C'est fruitier, pas flûtier. Une flûte est un instrument de musique. Mais le chinois est une langue très logique : le figuier est effectivement un arbre fruitier sans fleurs. »

« Comment un arbre peut avoir les fruits sans les fleurs d'abord ? »

Très professeur, tu expliques comment l'insecte grimpe le fruit pour féconder la graine.

Quel est « féconder » ? Le *Petit dictionnaire chinois-anglais* dit qu'il signifie « fertiliser ».

« Fertiliser » me fait penser le président Mao. Il aime fertiliser. C'est la grande idée de Mao. Augmenter la productivité, augmenter les plantes. Peut-être c'est pourquoi la Chine, qui a la plus grande population paysanne du monde, est toujours vivante et devient plus forte depuis qu'elle utilise le fertilisant dans sa terre.

Je demande : « Le figuier attend les figues combien de temps après qu'il est fécondé ? Le même que la femme qui est enceinte pendant dix mois ? »

Tu me regardes comme si je suis une extraterrestre.

« Pourquoi dix mois ? Je pensais qu'il n'en fallait que neuf.

— En Chine, on dit *shi yue huai tai* (十月怀胎). Il signifie donner naissance après la grossesse de dix mois.

— C'est étrange. » Je vois que tu as envie de rire encore. « À quel moment débute la grossesse en Chine ? »

Tu demandes sérieusement. Mais comment je sais ? Jamais on n'apprend cela correctement à l'école. Trop honteux pour apprendre à nos Chinois.

Je suis sous l'arbre fruitier sans fleurs. Je cueille une feuille et pose sur ma paume. Une feuille seule, mais grande. Je touche sa surface poilue.

« Est-ce que tu as lu la Bible ?

— Non. » Bien sûr non, pas en Chine.

Tu vas chercher un gros livre noir dans la maison. Tu ouvres les pages.

« En fait, le figuier est le plus ancien symbole de l'humanité. » Tu montres le début du livre :

> Et leurs yeux à tous deux s'ouvrirent et ils connurent qu'ils étaient nus ; ils cousirent des feuilles de figuier et se firent des pagnes.

« C'est quoi ? je demande, curieuse.

— C'est Adam et Ève. Ils ont mis des feuilles de figuier pour couvrir leurs corps nus.

— Ils sont intelligents. Ils savent que les feuilles du figuier sont plus grandes que toutes. »

Tu ris encore.

Tes outils de jardinier traînent partout dans le désordre.

Bêche :　　　铲子
　　　　　　　pour retourner la terre

Fourche :　　叉子
　　　　　　　pour ramollir la terre

Râteau :　　　耙子
　　　　　　　pour gratter l'herbe

Soudain un peu choquée j'arrête. Il y a des nudités dans ton jardin.

« C'est quoi ?

— Mes sculptures. »

Des sculptures ? Un homme nu, pas de tête, allongé contre la terre du jardin. Corps tordu, mains énormes et pieds énormes. Près de la terre, entre ses jambes, deux beaux œufs, ou deux mi-pommes. Au milieu des pommes un sexe comme un petit oiseau blessé. Je m'approche et je touche. Il est du plâtre. Je suis stupéfaite devant ce corps. Il est géant. Il a l'air douloureux. Je souviens la photo de *David* de Michel-Ange sur ton bureau, un corps très sain et équilibré. Mais le tien, le tien est tant différent.

À côté de ce corps, il y a des petites sculptures d'argile. Une oreille marron aussi large qu'une bassine. Elle s'épanouit comme une grande fleur. Et encore des oreilles, d'autres formes, d'autres tailles. Elles se reposent tranquillement sur l'herbe et nous écoutent.

Sous le figuier, un autre sexe en argile, doux, innocent. Puis un autre, l'air plus dur, couleur terre, à côté des racines de chèvrefeuille. Tes petites sculptures d'argile semblent vivre avec les plantes pendant des centaines d'années.

Un mur de brique arrête le Londres bruyant. La ville grise empêchée par le jardin. Les plantes et sculptures sous le soleil. Charmant, comme toi. Peut-être tous les hommes de Londres ont la main verte. Peut-être ce pays est tellement froid et pâle, alors les plantes et les jardins sont très imaginatifs avec le printemps, le soleil, la chaleur. Les plantes et les jardins donnent de l'amour comme les femmes réchauffent la vie de l'homme.

Ici, dans le jardin des seize plantes, je réfléchis. Les hommes des villes chinois ne sont pas proches des plantes. Ils sont honteux de répandre leur passion sur ces feuilles. C'est bon pour les ratés, les hommes sans position dans la société. Mais toi, tu es différent. Tu es qui ?

MODE D'EMPLOI

Mode d'emploi loc. Notice d'informations sur le fonctionnement d'un appareil, d'un objet.

Nous faisons beaucoup de relations sexuelles. Nous faisons l'amour toutes les journées et toutes les nuits. Matin, midi, après-midi, fin d'après-midi, soir, tôt la nuit, tard la nuit, minuit, même dans les rêves. Nous faisons l'amour dans le soleil, nous faisons l'amour dans l'après-midi gris, et nous faisons l'amour dans la nuit pluvieuse. Nous faisons l'amour sur le banc étroit du jardin, sous le figuier, sur le hamac couvert des feuilles de figuier, devant l'évier de la cuisine, sur la table à manger, partout où nous avons l'envie. J'ai peur de ton énergie immense. Tu viens en moi aussi fort qu'une tempête qui souffle une maison en bois dans la forêt, tu viens en moi profondément comme le marteau frappe le clou sur le mur. Tu me demandes si ça va et je dis que c'est confortable.

« Confortable, seulement ?

— Oui. Je trouve ton corps très confortable. C'est la seule chose confortable. »

Est-ce que je suis honteuse du sexe ? Oui, au début. Beaucoup. C'est un grand tabou en Chine. Je ne sais pas vraiment qui est le sexe avant. Maintenant, je marche nue dans la maison tous les jours, et je vois mon désir. Une nuit récente, je rêve plusieurs fois que je suis nue dans la rue, le marché et même l'autoroute. Je cours vite dans les rues pleines de gens pour retrouver la maison. Mais quand même, les gens semblent étonnés de me voir nue.

Tu expliques que ce rêve parle de la honte d'être exposée aux regards des autres.

Quand nous faisons l'amour tu produis autant de sperme sur mes peaux que la fontaine de Trafalgar Square. Parfois tu as peur que je suis enceinte. Nous voulons seulement nous, nous ne voulons pas une troisième personne qui prend la place de notre amour.

Tu dis qu'il faut un préservatif.

Dans Hackney Road, ta longue rue de misère, il n'y a pas de Boots (les pharmacies Boots sont les magasins de la civilisation pour moi). Le discount Cost Cutter vend les préservatifs, mais le marchand nous connaît comme il connaît sa nièce et son neveu. Et il est un vrai musulman. Peut-être il est antipréservatif. Alors nous devons aller à Brick Lane, où les marchands sont gentils et distraits. Ils ne peuvent jamais souvenir tous les visages de tous les clients de Hackney Road.

« Veuillez lire attentivement le mode d'emploi », il est écrit sur la boîte. J'ouvre la boîte, déplie les papiers et lis. Jamais je ne lis le mode d'emploi du préservatif avant. Je pense que les gens lisent seulement quand ils essaient les relations sexuelles la première fois. Mais il est vrai je suis débutante.

Ouvrez l'emballage délicatement sur le côté et retirez le préservatif. Les préservatifs sont résistants, mais faites attention aux objets coupants (ongles longs, bijoux) qui pourraient les endommager.

« Quels sont les bijoux ? je demande.
— Des trucs brillants que portent les femmes », tu dis sans émotion.

Le préservatif doit être mis en place quand le pénis est en érection, et avant tout contact entre le sexe et le corps de votre partenaire. Le préservatif vous protège des MST. Il permet également d'éviter les grossesses non désirées.

« Quelles sont les MST ?
— Les maladies sexuellement transmissibles, tu réponds aussitôt, comme tu parles de ton thé à la menthe quotidien.

Placez le préservatif sur le bout du sexe en érection. Assurez-vous que la partie à dérouler se trouve à l'extérieur. D'une main, pincez le haut du préservatif entre le pouce et l'index afin de chasser l'air. Ce réservoir recueillera le sperme après l'éjaculation.

Je m'arrête devant ces mots : « D'une main, pincez le haut du préservatif entre le pouce et l'index afin de chasser l'air… » J'ai la nécessité de plusieurs secondes pour imaginer cette scène. Elle est pornographique. On ne peut pas parler de tels mots en chinois. Nous sommes trop honteux. Les Occidentaux ne connaissent rien de trop honteux. On peut faire n'importe quoi dans ce pays.

> De l'autre main, déroulez le préservatif jusqu'à la base du sexe. Retirez-vous rapidement après l'éjaculation, quand le sexe est encore en érection, en maintenant le préservatif à la base du pénis. Attendez de vous être complètement retiré pour ôter le préservatif. Évitez tout contact entre le sexe, le préservatif et le vagin…

Je ne peux pas continuer de le lire. Je suis très perdue dans ces mots. Mais tu ris.

> Les préservatifs sont conçus pour les rapports vaginaux. D'autres utilisations augmentent les risques de déchirure.

Je m'arrête : « Qu'est-ce qu'il signifie ?

— C'est une manière polie de dire qu'il ne faut pas s'en servir dans le cul. »

Ta réponse est très précise, mais tu n'as plus la patience, car tu commences de lire le supplément week-end du *Guardian*.

Je lis encore le mode d'emploi sur l'autre côté, mais il est moins important. Par exemple :

> Même si vous ne prévoyez pas d'avoir de rapports sexuels, ayez toujours des préservatifs sur vous, au cas où.

Toujours des préservatifs ? Les Occidentaux peuvent avoir les relations sexuelles quand ils font les courses, quand ils attendent le bus ou le train. Le sexe dans ce pays est égal se brosser les cheveux ou les dents.

Le mode d'emploi est plus excitant que les magazines sexy sur les rayons du magasin au bas de chez nous.

CHARME

Charme n.m. Attrait mystérieux exercé sur quelqu'un : qualité de ce qui plaît ; ensorcellement ; petit objet magique, amulette.

Dans les deux ou trois premiers jours, nos peaux ne se quittent jamais, ne se séparent pas une heure. Tu parles de tout. Mais je ne comprends pas complètement. Tu dis :

« J'ai essayé d'aimer les hommes. Au cours des vingt dernières années, je suis surtout sorti avec des hommes. »

Je pense qu'il est bien d'aimer les hommes. Le monde devient mieux ainsi. Mais sortir où ?

« Avant, je sculptais beaucoup. Je prenais vraiment mon pied avec la sculpture. Il y avait des statues partout chez moi. »

Je ne comprends pas comment tu prends ton pied. Tu le tiens dans ta main ? Sûrement c'est une situation un peu solitaire et inconfortable ?

« J'ai également cultivé des pommes de terre et des haricots à la campagne. Je m'occupais de mes chèvres. Je n'ai jamais été aussi heureux qu'à cette époque. »

Alors tu es un paysan ? Comment tu deviens tant un homme des villes ?

« J'adore les vieilles choses. J'aime ce qui a déjà servi. Je déteste ce qui est neuf. Je ne veux plus rien acheter de neuf. »

Mais les vieilles choses pourrissent, meurent. Comment tu peux être rempli de vie et d'énergie tous les jours si tu vis seulement avec les vieilles choses ?

Chaque phrase que tu dis, je la mets dans mon dictionnaire intime. Le lendemain, je regarde et je réfléchis chaque mot. J'entre dans ton cerveau. Même si mon monde est tellement loin du tien, je pense qu'ainsi je te comprends. Je trouve que tu es l'homme absolument charmant. Toutes les choses autour de toi sont fascinantes.

J'ai un concentré d'amour pour toi, paysan, sculpteur, étranger, homme noble qui aime les hommes.

En Chine, on dit que des centaines de réincarnations sont nécessaires pour réunir deux personnes dans la même barque. Peut-être tu es l'homme avec qui je suis réunie dans la même barque. Je n'ai jamais rencontré un homme comme toi avant. Je pense que nous sommes parfaits : tu es assez *yin*, et je suis très *yang*. Tu es terrien et je suis métal. Tu es un peu mouillé, et je suis un peu sèche. Tu es froid et je suis chaude. Tu es vent et je suis feu. Nous sommes accordés. C'est le mutualisme. Chacun profite. Tout cela nous rend des amants efficaces.

VÉGÉTARIEN

Végétarien n.m. Personne qui ne mange ni viande ni poisson ; adj. aliment adapté à un végétarien.

Manger est un problème entre nous.

Chop Chop, un restaurant chinois de Hackney. Je t'oblige d'aller là, même si tu dis que tu ne vas jamais au restaurant chinois.

Le restaurant est très affreux. Tables en plastique blanc, chaises en plastique blanc, lampe fluorescente blanche. Comme l'unité de travail du gouvernement en Chine. Le serveur est malcontent quand il débarrasse les tables. Il ne regarde personne. La femme avec les queues-de-cheval derrière le comptoir est encore plus méchante. Devant elle, une boîte panda en plastique pour mettre l'argent. Tous les deux ne parlent pas mandarin.

« Non. Assis là. Non, non, pas cette table. Cette table. »

Le serveur commande comme si nous sommes ses soldats.

« Vous voulez quoi ?… Nous n'avons pas d'eau du robinet. Il faut commander ce qu'il y a sur le menu… Pas de thé vert à la théière, seulement à la tasse. »

Je les déteste. Je jure que jamais je n'ai entré dans un restaurant chinois si malpoli dans toute ma vie entière. Pourquoi les Chinois deviennent trop désagréables en Occident ? Je me sens un peu coupable à cause de leur service horrible. Parce que je t'oblige de venir ici et peut-être tu crois que ma culture est ainsi. Peut-être c'est pourquoi les Anglais méprisent nos Chinois. Je suis honteuse d'être chinoise ici.

Mais il faut quand même manger. Surtout moi, parce que je suis comme le Fantôme affamé. Je suis toujours faim. Même si je mange un grand festin, après une ou deux heures, je suis encore faim. Ma famille était très pauvre quelques années avant. Nous mangeons petit, presque pas de viande. Quand mes parents commencent l'usine de chaussures, et abandonnent le passé de paysans pauvres, c'est différent. Mais je pense encore à manger toujours.

Tu ne connais rien les nourritures chinoises, alors je commande vite : canards, porcs, tofus frits avec des bœufs.

Le repas arrive sur la table et mes baguettes tombent dans les plats comme la tempête de neige. Mais tu es sans mouvement. Tu me regardes comme si tu regardes l'opéra de Pékin.

« Pourquoi tu ne manges pas ? je demande pendant que je mâche mes porcs dans ma bouche.

— Je n'ai pas très faim.

— Tu sais utiliser les baguettes ? » je demande, parce que c'est peut-être la raison.

« Oui, ne t'inquiète pas. »

Tu lèves tes baguettes et tu montres.

« Mais tu gaspilles. Tu n'aimes pas les nourritures chinoises ?

— Je suis végétarien, tu dis en grignotant un peu de riz. Ce menu est un zoo. »

Je suis surprise. Je cherche mon dictionnaire. Zut, il n'est pas avec moi aujourd'hui. Je souviens le film *Le Patient anglais*. Je regarde le DVD pirate en Chine pour m'éduquer sur les Anglais. « Quel est ce mot déjà ? Il décrit la personne qui s'endort pendant longtemps, le mort-vivant ?

— Tu penses au coma ? »

Tu me regardes étrange.

« Oui, c'est le mot ! Tu n'es pas ainsi, quand même. »

Tu poses tes baguettes. Peut-être tu es fâché maintenant.

« Je suppose que tu fais référence à l'état végétatif chronique. Végétarien signifie que tu ne manges pas de viande.

— Oh, je suis désolée », je dis en avalant des grandes bouchées de tofus et bœufs.

Maintenant je comprends pourquoi tu n'achètes jamais un seul bœuf. J'ai pensé que ta raison est la pauvreté.

« Pourquoi tu ne manges pas la viande ? Elle est très nourricière. »

Tu ne dis pas de commentaire.

« Et aussi, tu as une dépression, si tu ne manges pas la viande. »

Tu ne dis toujours pas de commentaire.

« Mes parents frappent si je ne mange pas la viande ou les nourritures sur la table. Mes parents grondent, parce que je suis difficile et gâtée. Parce que d'autres gens meurent sans nourriture à manger. »

Tu te tais encore.

« Comment un homme peut être végétarien ? Sauf s'il est un moine. »

Tu ne dis aucun mot, que des rires.

Tu me regardes manger tout le repas. J'essaie de finir les canards, les tofus et les bœufs. Mon ventre a mal. Il reste des porcs et je demande pour emporter.

Quand je mange, tu écris tes dix nourritures pré-férées sur la serviette.

laitue

brocoli   lentille   carrotte

avocat   radis

aubergine   potiron

épinard

asperge

Cette liste est le menu dans notre cuisine pendant toute la vie ? C'est horrible ! Et mes boulettes de viande, mes moutons, mes bœufs à la sauce de haricots noirs ? Qui aura la responsabilité de la cuisine ?

NOBLE

Noble adj. Qui fait preuve de hautes qualités morales ; relatif à la noblesse ; qui suscite l'admiration et le respect ; n. Membre de la noblesse.

Dimanche. Je veux faire les courses. Je dis que nous avons besoin du papier toilettes, des bougies, de l'ail, du gingembre, des légumes. (Je ne dis pas la viande, mais en vérité je veux l'acheter après avoir mangé les légumes avec toi tous les jours.)

« Je veux aller Sainsbury. » Mais je vois que j'ai la nécessité de progresser dans mes manières anglaises, alors je te demande encore : « S'il te plaît, nous allons Sainsbury ? »

Tu ne sembles pas heureux.

« Mouais, d'accord. Sacrifions au culte de Sainsbury's, la sortie supermarché du dimanche.

— Quel est le culte ?

— Le culte ? C'est la vénération. Comme le culte de Mao en Chine. »

Je ne sais pas quoi dire. Tu ne sais pas que maintenant nous avons le culte des États-Unis ?

« Je n'aime pas Sainsbury's. Je préfère le bric-à-brac du marché aux puces. On y trouve des choses beaucoup plus intéressantes.

— Quel marché aux puces ?

Tu me mènes au marché de Brick Lane. Il est très sale. C'est vrai, sûrement il a des puces. Ce marché est le même qu'une poubelle. Il a les radios d'occasion, les vieux CD, les meubles abîmés, les télévisions cassées (pourquoi quelqu'un veut acheter une télévision cassée ? je me demande), les vieux vélos, les pneus, les clous, les perceuses, les chaussures poussiéreuses, les DVD pirates, les gâteaux économiques… Est-ce que toutes ces choses sont fabriquées en Chine ?

Tu promènes dans le marché aux puces avec ton vieux blouson en cuir marron et tes vieilles chaussures en cuir sale. Le blouson est tellement vieux que les manches sont usées et le bas déchiré. Pourtant tu sembles très beau avec ton costume poubelle dans ce marché poubelle.

Je pense que tu es un homme noble avec des mots nobles. Je ne suis pas noble. Je suis humble. Et je parle l'anglais humble. Je viens d'une ville pauvre de sud de la Chine. Nous ne connaissons pas ce qui est noble.

Avril

SURPRISE

Surprise n.f. Événement inattendu ; étonnement, stupéfaction.

Soudain une chose nouvelle et inattendue arrive :
« Il faut que je m'absente de Londres pendant quelques jours. » Tu remplis ta valise.

« Pourquoi ? Pour où ? » Je suis prise à court.

« Je vais voir mon ami Jack dans le Devon.

— Qui est Jack ? Je n'entends jamais parler de lui avant.

— Figure-toi que j'ai beaucoup d'amis.

— Je viens avec toi. » J'ouvre l'armoire pour sortir des vêtements.

« Ça ira, tu n'as pas besoin de m'accompagner.

— Mais je veux.

— Non, je préfère y aller seul.

— Pourquoi ?

— Je ne pense pas que le moment soit bien choisi pour que tu viennes.

— Pourquoi ?

— Écoute, j'ai ma vie… »

Je ne comprends pas ce que tu signifies.

« Mais nous sommes ensemble. Nous allons ensemble ! »

Je suis contrariée. Ta décision détruit l'image de perfection.

« Tu viendras la prochaine fois. »

Je te regarde. Je ne sais pas quoi faire.

« Combien de jours tu pars ? Je vais me sentir seule.

— Je ne serai absent que trois ou quatre jours. »

Je ne peux rien dire. Qu'est-ce que je fais sans toi dans la maison ? Je ne connais même pas où est le compteur électrique et comment répondre le téléphone correctement.

« Écoute, tu devrais sortir, te faire des amis. Tu dépends trop de moi. Et les filles de ton école ?

— Je n'ai pas la nécessité des autres amis. Je ne les veux pas. Je veux seulement être avec toi. »

Tu finis la valise. Tu sors. Dans cinq secondes, tu reviens et tu pousses un vélo bleu devant toi.

« C'est pour toi. Je l'ai acheté à Brick Lane. Regarde, tu peux même porter une jupe, il n'y a pas de barre. »

« Essaie-le », tu dis encore.

Je ne veux pas le vélo. Je te serre fortement. Je mets la tête dans ton vieux blouson en cuir.

Finalement, tu pars. La camionnette blanche reste. Tu prends le bus, puis prends le train. L'Angleterre est un petit pays, pas comme la Chine, mais quand même, je soupçonne que tu vas quelque part très loin, quelque part inconnu, quelque part où je ne compte pour rien.

J'ai pensé que nous sommes ensemble, que nous passerons tout le temps ensemble et que nos vies ne séparent jamais. J'ai pensé que je n'ai plus besoin d'aller au cinéma voir les doubles affiches pour tuer les nuits pluvieuses. J'ai pensé que je n'ai plus peur de vivre dans ce pays seule parce que maintenant j'ai toi, tu es ma famille, ma maison. Mais je m'ai trompé. Tu ne promets rien de solide.

Alors, maintenant, je vais dans le monde toute seule… avec ce vélo bleu. Et je garde la mémoire que je dois rouler à gauche toujours.

PUB

Pub n.m. Dans les pays anglo-saxons, établissement public autorisé à vendre de l'alcool.

Je gare ma bicyclette devant le pub, près de Liverpool Street. Il s'appelle *Dirty Dick*. C'est un nom normal pour un pub anglais ? C'est la première fois que j'entre dans « l'établissement public autorisé à vendre de l'alcool ». J'ai espéré que je vais avec toi dans un pub, mais tu es parti quelque part inconnu à la place.

J'assois seule et j'essaie d'entrer dans la conversation. Le pub ressemble à un endroit pour la culture des hommes mûrs. Je sens un peu l'odeur de mort, mais qui lutte encore. Tandis que je suis ici, plusieurs hommes solitaires désespérés viennent et me disent : « Salut chérie. » Mais je ne suis pas ta chérie. Où est ta chérie ? Sept heures le soir, ta chérie doit cuisiner les haricots à la sauce orange pour toi à la maison… Pourquoi tu ne restes pas avec ta chérie ?

Les hommes ici boivent la pinte de bière et après l'autre. Un boit l'énorme pinte de bière couleur pisse. Un autre un liquide très foncé, il semble le médicament chinois. Ils regardent le football et crient ensemble, sans manger. Dans le coin, il y a des tables avec les nourritures. Je suis affamée soudain. En fait, manger est ma raison première d'aller au pub. Mais tout le monde ici fait comme si les nourritures sont absentes. Comme si elles sont invisibles ou seulement là pour l'agréable décoration. Je sors mon *Petit dictionnaire chinois-anglais* et j'apprends. J'essaie de ne pas penser trop aux nourritures.

Devant ma table, cinq gros hommes fument des cigarettes. C'est le brouillard de Londres. Après un peu de temps, les hommes viennent à ma table et me demandent quelque chose.

Mon anglais fait tout le monde rire. Sûrement ils m'aiment bien.

Un jeune homme m'offre une bière. Il est le seul séduisant.

Je dis : « Je me sens très enchantée de boire avec vous. Votre figure et vos mots sont nobles. »

L'homme est surpris et heureux. Il arrête de boire.

« Nobles ? Ah bon.

— Oui. Parce que quand vous parlez, vous semblez très fier. J'aime la confiance. Je ne l'ai pas. »

L'homme qui tient sa pinte m'écoute avec la grande attention, mais il n'est pas sûr de ce que je dis.

Il réfléchit un moment et dit : « Ah, tu es vraiment un amour ! Tu penses que mes mots sont nobles simplement parce que je parle l'anglais correctement » – Oh, correctement, ce mot encore ! – « mais c'est ma langue maternelle, tu sais. Ce n'est pas bien compliqué. En tout cas, merci pour le compliment.

— Vous le méritez », je réponds sérieusement.

Mais l'homme m'appelle « amour » ! L'amour est un objet pas cher à Londres.

Mes yeux regardent vers le délicieux festin sur la table au fond. Tout le monde est prêt, mais personne ne fait quelque chose.

Sans doute l'homme comprend mon regard, parce qu'il me présente le système anglais de la nourriture au pub. Il s'appelle le buffet. C'est le même que le self-service.

« Pourquoi deux mots différents pour le même système ? » je demande.

Il rit.

« Parce que le premier est français et le second est anglais. Le français est plus noble. »

Tous les vieux hommes rient.

Buffet. Maintenant, je me rappelle ce mot noble.

Il y a des choses blanches et collantes sur l'assiette. Elles ressemblent le tofu, mais sentent mauvais.

« Qu'est-ce que c'est ? je demande au barman.

— Du fromage de chèvre. Tu veux goûter ? »

La Chine n'a pas le fromage. Nous buvons le lait seulement il y a dix ans peut-être. Je suis surprise absolument. J'ai pensé que la chèvre est trop maigre pour faire du fromage.

« Non. Merci. Et ça ? La chose bleue ?

— Un autre fromage, du stilton.

— Un autre fromage qui sent mauvais avec un nom différent ? » Il y a des nombreux fromages différents. Comme dans notre système de tofu.

« Il est fait par la vache ?

— Oui. » Le barman rit fortement. « Fabriqué à la main par des vaches communistes.

— Quoi ? » Je ne comprends pas.

« Désolé, je te taquinais, mon petit. Tu voulais savoir s'il était au lait de vache, n'est-ce pas ? Je compatis, l'anglais est un vrai cauchemar, pas vrai ? »

De retour chez moi, j'écris la liste de mes nouvelles connaissances pour Mrs Margaret.

DÉRIVE

Dérive n.f. Fait de dériver, de s'écarter de sa direction ; dispositif qui empêche un bateau de dériver ; être à la dérive loc. Être perdu ; dériveur n.m. Voilier pourvu d'une dérive.

C'est le troisième jour de ton départ. Il semble que tu es parti pendant un mois. Avant, je ne vis jamais seule dans cette maison. Maintenant, je vois que c'est vraiment ta maison. Tout t'appartient, et tout est fait par toi ici. Pas vraiment de place pour moi. Mais cet endroit a complètement envahi ma vie. Je suis une petite tasse de thé solitaire rangée dans ton placard.

Je traîne dans ta maison, sans bruit et sans personne, comme un chat sans maître.

Dans ta bibliothèque poussiéreuse, je prends un album photos.

Il y a une photo de toi, les bras autour d'un grand arbre, comme un amoureux. Tu es nu dans la photo. Très jeune, le corps bronzé. Tu souris la personne derrière l'appareil. Ton amour sûrement.

Une autre photo avec toi sur un bateau. Une vieille photo noir et blanc avec la mer marron. Tu ne portes qu'un short et tes muscles sont forts. Tu souris l'appareil photo et tu tiens la rame du bateau.

Qui est avec toi sur le bateau ? Quelle est cette mer ?

Une autre vieille photo. Tu es avec un homme, un jeune homme. Vous êtes les deux nus, debout sur un rocher au bord de la mer. Les vagues montent sur vos jambes. L'homme à côté de toi est beau. Qui est le photographeur ? Vous devez être les trois très intimes, très proches si vous êtes les deux nus devant la photo.

Je range l'album, je suis jalouse et je sens le mal de la jalousie.

J'ouvre un de tes vieux cartons en haut de la bibliothèque. Des lettres sont à l'intérieur. Je pense qu'elles sont d'amour. Des lettres que tu as écrites, revenues dans un gros paquet. Tu dis dans une lettre :

> Bien sûr que je me sens lier lié à toi. Mais je n'arrive pas à m'imaginer en couple. Oui j'éprouve de l'amour pour toi, mais aussi de l'amitié et nous aurons toujours une relation privilégiée. L'amitié dure résiste au temps, pas les idylles

Mon *Petit dictionnaire chinois-anglais* ne connaît pas ces idylles.

Tu as aussi les anciens cahiers intimes dans le carton, des années soixante-dix et quatre-vingt. Il y a longtemps. Lorsque j'étais vraiment petite. Zut, tu es vraiment plus vieux de vingt ans. Vingt ans de vie ajoutée. Tu viens d'un monde tellement différent.

Tu écris que tu es un homme à la dérive. C'est quelque chose important, parce que je le rencontre dans tes lettres ou les lettres que quelqu'un t'envoie, ou dans le journal intime avec les pages cassées. Je le rencontre partout dans ton passé de très longtemps.

Je ne suis pas très certaine que je comprends le mot dérive, mais je sais que je dois l'apprendre si je veux apprendre quelque chose de toi.

J'ouvre ton vieux *Roget's Thesaurus* sur l'étagère. Il est un dictionnaire « analogique ». Quel drôle de mot ! En Chine nous n'avons pas tous ces dictionnaires. Sur la couverture il est écrit : « Première publication 1852. » Zut alors ! 1852. C'est un vieux dictionnaire. En Chine, il y a le très vieux *Dictionnaire des caractères* des années 1700 du règne de Kangxi, mais je connais moins que la moitié des idéogrammes.

Ce dictionnaire me complique encore plus. L'homme à la dérive est-il le dériveur ? Comme le voilier ? Le dériveur navigue sur le voilier ? Ou la situation du voilier dans la mer est comme la situation de l'homme dériveur ?

Je pense à la photo de toi sur le bateau. Quand tu souris l'appareil photo, en short, la rame dans la main. Avec une mer couleur marron derrière toi. Tu es un dériveur, je crois.

Dans ton journal, tu racontes ton père. Il est aussi un dériveur. Il conduit le bus et n'aime pas rester dans la maison. On ne sait pas pourquoi. Un jour, il vous quitte toi, ta mère, tes sœurs et il ne retourne jamais. Tu apprends que ton père voyage partout où il fait chaud et partout où il peut faire les relations sexuelles. Je ne peux pas croire les choses que je lis. Ta mère décide d'acheter une ferme en Cornouailles. La ferme s'appelle Lower End Farm. Elle vit avec les moutons, les chèvres et les vaches. Sans homme.

Tu grandis et tu deviens froid avec ta famille. Tu trouves les femmes ennuyeuses et désintéressantes. Tu veux l'excitant et le désirable. Alors tu décides de partir dans un endroit loin de cette ferme froide, un endroit introuvable pour ta mère et tes sœurs coriaces. Tu aimes la mer et tu veux voir le monde.

Quand tu as dix-neuf ans, tu pars pour un long voyage avec un homme de ta ville originale. D'après ton journal, je crois qu'il s'appelle John. Le bateau lui appartient. Tu es jeune et tu écris ton journal parce que tu penses que c'est le moment historique de ta vie.

La première page de ton journal de navigateur :

6 février 1978

Nous avons hâte de lever l'ancre, mais, pour l'instant nous sommes accaparés par le travail et les préparatifs de départ. Hier, j'ai failli. Je pense que ce sera un voyage génial au cours duquel nous apprendrons beaucoup.

À la fin de cette journée, sous la page, tu écris une phrase en majuscules :

"L'IRLANDE ROMANTIQUE
MORTE ET DISPARUE "- W.B. YEATS

Une autre page, les mots trempés d'eau. Lecture difficile.

Dimanche 11 février

Nous sommes enfin partis sous les acclamations de nos amis sur le quai... Nous étions contents de fuir une atmosphère qui devenait pesante, car aucun de nous deux ne pouvait plus faire quoi que ce soit sans consulter l'autre. Je ne pouvais Au début, j'étais surexcité, puis quand nous nous sommes retrouvés au large, j'ai commencé à avoir le mal de mer. Les quarts ont débuté.

L'écriture devient très sale et in-lisible. J'ouvre la dernière page du journal et je lis que tu es passé neuf mois sur le bateau. Depuis février 1978 à 4 novembre 1978. Comment une personne peut rester tellement longtemps sans revenir les pieds sur la terre ? J'imagine que tu as souffert d'orages. Parfois tu as été brûlé par le soleil. Est-ce que tu es malade pendant tous les neuf mois en bateau ? Est-ce que tu espères que tu es n'importe où, sauf en bateau ?

Tu dis que pendant le voyage, parfois tu trouves la vie super parce que la mer se tend à perte de vue, et tu navigues et navigues toujours. Et parfois tu t'ennuies mortel parce que tu es sur la « mer infinie », et tu navigues et navigues toujours. J'essaie d'imaginer comment il est de regarder la mer chaque minute, mais je ne peux pas. Je ne suis jamais proche de la mer. Seulement, je la vois dans l'avion.

La page suivante, tu arrives à San Diego et San Francisco.

7 juin 1918

Petit déjeuner : thon. Dîner : thon. J'essaie de manger autant de légumes que possible, mais le frigo est bien gardé (une tomate a été portée disparue hier).

Panama, Costa Rica, Nicaragua, le Salvador, Guatemala. Ce sont les pays d'Amérique Centrale que nous avons longés, même si nous ne les avons pas tous vus, car nous étions trop loin des côtes.

Tu n'écris pas vraiment l'amour. Alors, l'amour n'est pas dans ta vie de dix-neuf ans ? Il n'y a vraiment que la mer bleue dans tes yeux bruns pendant cette époque ? Et tes rêves ?

Après cette longue traversée, tu as le désir de faire quelque chose par tes mains. Vingt ans, tu vas à l'école des arts. Tu apprends la sculpture en salissant tes mains. Une photo entre les pages. Je devine que c'est la sculpture que tu as faite. Un très grand homme nu, allongé. Il occupe le sol entier du grand atelier. Un géant, mais un géant nu. C'est le sujet préféré de tes sculptures. Puis, tu écris que tu couches avec des nombreux garçons de l'école.

D'abord, je pense que je lis faux et que tu veux écrire filles, pas garçons. Je regarde encore. Matt, Dan, Peter. Ils sont bien des noms de garçons.

« Je ne ressens pas de véritable amour dans mon cœur », tu écris.

À Londres, tu habites dans des vieilles maisons qui s'appellent squats et tu rencontres les hommes dans la rue toutes les nuits. Tu parles les inconnus dans le parc et vous allez à la maison ensemble. Tu dis que ça te fait chaud de toucher le corps des autres, de coucher avec des hommes. Tu penses tu es homosexuel, « gay » tu dis. Mais tu ne souviens même pas les visages et les noms le deuxième jour.

Puis je trouve un autre cahier. La date est plusieurs années après. Tu te sens vide à cause cette vie de course aux garçons, alors tu deviens un militant, un genre de protestant. Tu es militant contre le capitalisme, contre le développement de MacDonald's et tu vas en Inde pour arrêter les sociétés minières de se développer là-bas. Tu vas avec le jeune groupe des protestants partout : Delhi, Calcutta, Mexico, Los Angeles… Toujours le dériveur. Mais tu ne sais pas comment faire ta vie, je crois. Ou pourquoi tu voyages tellement ? Toutes tes sculptures d'avant sont détruites. Il ne reste aucune. Tu n'as pas de femme avec toi (peut-être tu ne veux jamais ?) et tu n'as pas d'homme non plus. Les seules choses que tu as sont « la baise et la séduction ».

Tu racontes le temps où tu es éducateur. Je ne comprends pas bien ce travail. Tu décris les vacances avec des enfants. Il y a des photos entre les pages : toi avec des adolescents qui rient devant l'appareil photo. Tu aimes ces adolescents. Tu travailles dix ans ainsi. Mais pourquoi tu arrêtes un travail que tu aimes vraiment ? Je ne comprends pas. Peut-être parce que tu as la vie gay ? Peut-être un genre de scandale parce que tu es le professeur homosexuel ? Je ne sais jamais… De toute façon, tu quittes ton travail. Et après ?

Mes yeux deviennent piquants. Je suis fatiguée de lire, tous ces mots, mon cerveau est trop plein de ton passé. Partout est toi, et tu es partout, chaque phrase, chaque page.

Je range ces vieux cahiers, ces vieilles lettres. Je lave les mains sous l'eau du robinet froide. Sûrement tu n'as pas lu tout ça il y a longtemps. Peut-être je suis la première personne à ouvrir ces cartons après vingt ans.

La nuit est longue. Il fait calme dehors. Les voitures passent parfois. J'assois sur ta chaise. Je sens le cœur un peu lourd. J'ai la difficulté de respirer.

Je dors seule sur ton lit, où nous dormons toutes les nuits ensemble depuis que j'arrive. Normalement, le lit une place est pour une personne. Je pense à cela. Je suis réveillée. J'essaie de tracer une carte de toi, une carte de ton passé. Mais elle est difficile. Je vois les lumières du matin dehors à travers le jardin, à travers l'arbre fruitier sans fleurs. C'est la quatrième journée de ton départ, et le jour de ton retour. Tu dis que tu seras là le matin, vers 10 h 30.

9 heures maintenant. Je me lève, brosse mes dents, fais du thé. Je pose ma main froide sur la théière pour attraper la chaleur. J'attends ton retour. Mais j'ai peur aussi de ton retour. Tu dérives avec ta Chinoise dans ton bateau sur l'océan. Pas de rivage au loin. Elle flotte et passe dans ta vie comme un morceau de bois sur la mer.

Une heure encore, attendre est douloureux. J'essaie étudier les singuliers et pluriels irréguliers dans le manuel que Mrs Margaret nous donne. Mais je n'aime pas les pluriels parce qu'ils ne sont pas stables. Je n'aime pas les noms aussi, parce qu'ils changent tout le temps comme les verbes. Dans l'anglais, je n'aime que les adjectifs et les adverbes. Ils ne changent pas. Si je peux, je ne parle qu'en adjectifs et adverbes.

11 h 15, tu rentres avec un vent froid par la porte. Tu poses le sac poussiéreux sur le sol, puis tu m'embrasses, tu me serres fortement. Tu es heureux de me voir. Je demande comment ton ami va, tu

dis bien. Tu souris et tu es joyeux et tu veux faire l'amour. Comme si c'est normal. Tu dis que je te manque. Mais comment je fais confiance une personne un jour ici, un jour ailleurs ?

« Tout s'est bien passé ? tu demandes.

— Non.

— Pourquoi ? Tu n'es pas sortie ? Tu ne t'es pas fait d'amis ?

— Non. Je ne veux pas faire des amis.

— Alors, qu'est-ce que tu as fait ? »

Dire quoi ? Je sens la mer en moi trop grosse, trop illimitée pour parler.

BISEXUEL

Bisexuel, elle adj. et n. Qui est attiré(e) par les hommes aussi bien que par les femmes.

Je suis une femme et tu es bisexuel. Les deux nous aimons beaucoup les hommes beaux. Mais les jeunes hommes beaux restent une imagination. Ils sont la fantaisie de notre vie quotidienne. Leur réalité est trop fragile, elle casse facilement, comme un vase de Chine précieux.

Tu as beaucoup de livres avec les hommes nus. Sur ton étagère : *Le Nu au masculin, Textes gay d'Inde, Écrivains gays du monde entier, Le Nu masculin dans la photographie*... Comment je peux savoir que tu ne vas pas encore partir avec le beau homosexuel et gâcher ma vie ? Comment j'ai confiance que tu restes avec moi ? Peut-être je perds ma vie à rester avec toi.

Est-ce qu'il y a beaucoup d'amour libre dans le monde gay, parce qu'il ne produit pas d'enfants ? Pas d'enfant, alors pas de poids sérieux. Pas de responsabilité pour la génération prochaine, pas d'inquiétude pour la grossesse et l'avortement. Mais que se passe-t-il si la femme étrangère orientale tombe amoureuse de l'homme gay occidental ?

Quand nous voyons des beaux hommes dans la rue, ou quand nous parlons des beaux hommes dans le pub, notre vision est différente. Tu te demandes comment est son nu, comme quand tu regardes un beau tableau avec une loupe. Ma première question devant cet homme est plus pratique : « Est-il possible qu'il me marie ? Si oui, est-ce qu'il a le salaire stable pour acheter une maison à sa famille ? »

CHOU CHINOIS + LIMACE ANGLAISE

Chou n.m. Légume rond composé de larges feuilles vertes.

Limace n.f. Mollusque terrestre semblable à l'escargot, mais sans coquille.

Peu sont les jours ensoleillés, ensoleillés jusque le soleil tombe à l'ouest. Le ciel anglais semble toujours louche, hésitant comme aujourd'hui. Tu me vois triste, mais tu ne comprends pas pourquoi.

Dans le jardin, tu demandes : « Est-ce que tu voudrais des plantes à toi ici ? Je pense que ce devrait être aussi un jardin de femme.

— Oui, je veux. Je veux planter des choux chinois, nénuphars, pruniers, et peut-être des bambous, et ciboulettes chinoises aussi… »

J'ai toute de suite l'image du jardin chinois traditionnel.

« Non, ma chérie, c'est trop petit pour toutes ces plantes. »

Alors dimanche nous allons au marché aux fleurs de Columbia Road. Pour moi, il est un marché super. Nous ramenons les choux chinois à la maison. Huit jeunes plants en totalité.

Nous plantons ces petites choses. Creusons la terre et mettons chacune dans les trous. Tu es plus rapide que moi. Quand tu es fini de planter cinq, j'ai mis seulement trois.

Nous arrosons les jeunes choux chinois tous les matins, loyals et fidèles, comme tous les matins nous n'oublions jamais brosser les dents. Quand je vois les petites plantes pousser, mon cœur est heureux. Elles sont notre amour. Nous les avons plantées.

Tu dis :

« Il n'y a rien de plus passionnant que de planter un légume et de le regarder pousser. C'est magique. Tu n'es pas d'accord ? »

Oui, intéressant. Mais en Chine, planter est seulement pour les paysans. N'importe qui peut le faire, il ne nécessite rien de spécial pour faire pousser la nourriture. Pourquoi ici il est tellement différent ?

Puis nous voyons des petites feuilles sortir, mais la limace mord les choux.

« Il ne faut pas laisser les limaces manger les jeunes pousses. Elles sont très fragiles », tu dis.

Alors, avec la lampe de poche, tous les soirs vers 11 heures, tu glisses dans le jardin pour chercher les limaces. Toujours elles sont là, plusieurs cachées sous les jeunes feuilles. Elles régalent le festin au clair de la lune. Tu les sors des feuilles, une par une. Tu mets les limaces ensemble dans une bouteille de verre. Aussitôt, la bouteille devient un zoo de limaces.

« Quels sont tes mots préférés ? Dis-moi dix »,
je demande quand nous sommes assis dans le jardin. Je veux apprendre tous les beaux mots anglais,
parce que tu es beau. Il n'est pas important s'ils
ne sont pas utiles.

Un papier blanc, un stylo.

Tu écris les mots, un par un.

« Mer, souffle, soleil, corps, graine, abeille, bourdon, insecte. » Tu arrêtes.

« J'en ai combien, maintenant ?

— Huit.

— Voyons… sang…

— Pourquoi tu aimes le sang ?

— Je n'en sais rien. Je trouve que le mot sang
est beau.

— Vraiment ? Mais le sang est la violence, il est
la douleur.

— Non. Pas toujours. Le sang donne la vie. Il
rend fort. » Tu es sûr ce que tu dis.

Tu vois les choses d'un point de vue tellement
différent que moi. Je me demande si nous chan-
geons nos points de vue un jour.

« Et pourquoi le souffle, alors ?

— Parce c'est la source de tout et c'est par lui
que tout commence. »

Tu as raison.

« Alors, quoi d'autre ? Dernier mot préféré ?

— Soudain.

— Soudain ? Pourquoi tu aimes soudain ? Soudain n'est même pas un nom. » Tu es un cerveau
étrange je pense.

« C'est un mot qui me plaît, c'est tout. À toi.
Quels sont tes dix mots préférés ? »

J'écris les mots, un par un :

« Peur, croyance, cœur, racine, défi, lutte, paix, souffrance, avenir, solitude…

— Pourquoi solitude ?

— Parce qu'elle est le titre d'une chanson de Louis Armstrong. Elle est très belle. » Maintenant, j'entends la chanson dans mon oreille.

« Où as-tu entendu cette chanson ?

— Sur tes étagères. Un CD de Louis Armstrong.

— Ah bon ? J'avais oublié que j'avais ce CD, tu me dis avec tes sourcils froncés.

— Je sais, il avait les poussières et l'air très vieux.

— Alors comme ça, tu connais tous mes CD ?

— Bien sûr. Aussi j'ai lu tes lettres et tes cahiers intimes.

— Hein ?

— Et j'ai vu tes photos.

— Quoi ? Tu as fouillé dans mes affaires ? » Tu sembles comme si tu apprends soudain que l'extra-terrestre de Mars attaque la Terre.

« Pas tout. Certaines parties de ton journal blessent mon cœur. Je ne dors pas la nuit. »

PRIVÉ

Privé adj. Qui est strictement personnel, intime ; qui n'est pas accessible au public ; individuel, opposé à collectif, public.

« C'est ma vie privée ! Tu n'as pas le droit de faire une chose pareille ! » C'est la première fois que tu me cries, comme un lion.

« Ta vie privée ? Mais nous vivons ensemble ! Nous n'avons pas de vie privée si nous sommes amoureux !

— Bien sûr que si ! Chacun a droit à sa vie privée ! »

Mais pourquoi les gens nécessitent la vie privée ? Pourquoi elle est importante ? En Chine, toutes les familles vivent ensemble, grands-parents, parents, fille, fils, et leurs autres familles aussi. Ils mangent ensemble et partagent tout, parlent de tout. La vie privée rend les gens solitaires. La vie privée rend les familles brisées.

Quand je dispute la vie privée, tu écoutes et ne parles rien. Je sais que tu n'es pas d'accord. Tu ne veux pas vivre dans ma vie, parce que ta vie privée est tellement importante. Une personne secrète ne partage pas sa vie.

« Quand je lis ton passé, quand je lis ces lettres que tu écris, je pense que tu es un dériveur.

— Qu'est-ce que tu entends par là ?

— Tu sais ce qu'est dériver, n'est-ce pas ? Toujours ici et ailleurs, tu ne penses pas à l'avenir.

— Pour moi, vivre sa vie, c'est vivre l'instant présent.

— Très bien, vis le présent, mais quelle est ta direction alors ?

— Qu'est-ce que tu veux dire ?

— Je veux dire tu n'as pas le programme pour demain, pour l'année après ?

— Nous ne parlons pas de la même chose. J'ai l'impression que tu ne comprends pas. Pour moi, l'avenir, c'est le mouvement, aller de l'avant, vers quelque chose de neuf. Je ne sais pas où je vais. C'est comme si j'étais à cheval dans le désert. Et le cheval me conduit quelque part, peut-être vers une oasis, mais je n'en sais rien. »

Soudain l'air gèle. Je refroidis dedans. Je ne sais plus quoi dire. Tu es plus vieux de vingt années. Tu dois comprendre la vie mieux que moi ?

Tu me regardes et dis encore :

« C'est comme cette façon que tu as eue d'entrer dans ma vie. J'ai l'impression de ne plus être nu. »

J'ai l'impression de ne plus être nu. C'est une phrase belle.

J'écoute, j'attends. Je sens que quelque chose n'est pas fini dans ta phrase, mais tu ne veux pas dire. Alors je t'aide.

« D'accord, j'entre dans ta vie, mais tu ne sais pas si tu veux continuer toujours avec moi. Tu veux arrêter un jour et voir ce qui peut te faire avancer ailleurs…

— On verra bien. » Tu m'arrêtes et me prends dans tes bras.

« C'est important d'accepter de vivre dans l'incertitude. »

INTIME

Intime adj. Au plus profond de l'être ; qualifie une relation très étroite, ou, par euphémisme, une relation sexuelle ; strictement personnel ; qui se passe entre amis, dans une atmosphère chaleureuse ; n. Ami proche.

Comment intime peut vivre avec privé ?

Nous habitons ensemble après la première semaine que nous nous rencontrons. Tu dis que jamais tu ne vis aussi près de quelqu'un avant. Tu évites toujours d'être intime avec l'autre. Tu dis que tu veux tes amis plus importants que tes amours. C'est très différent de mon amour chinois. Là-bas, la famille est tout.

Peut-être les gens ont un problème d'être intimes avec les autres ici. Les gens gardent la distance parce qu'ils veulent l'indépendance, donc les couples ne vivent pas ensemble, plutôt ils se voient seulement le week-end, ou font les relations sexuelles deux fois par semaine. Si une famille ne vit pas ensemble, l'intérieur intime de la famille disparaît. Peut-être c'est pourquoi les Occidentaux sont plus séparés, plus seuls, et ont beaucoup de maisons pour les vieilles personnes. Peut-être c'est aussi pourquoi le journal raconte toujours les cas de podophiles et de pervers.

Nous sommes dans ta vieille camionnette blanche. Tu veux me montrer un endroit spécial qui est la réserve nationale des êtres. Je ne comprends pas bien qui sont ces êtres. Des êtres humains ? Est-ce que nous voyons une espèce de zoo pour les Anglais ? Tu ris.

« H-ê-t-r-e-s, pas ê-t-r-e-s. C'est un arbre. On ira au zoo une autre fois. »

Je ne sais pas comment je peux comprendre un jour ta langue compliquée : elle n'a même pas les intonations pour faire la différence. En Chine, nous avons quatre intonations, et chacune signifie un mot différent. Par exemple :

mi dans le premier ton signifie fermer les yeux
mí dans le deuxième ton signifie être séduit par une chose
mǐ dans le troisième ton signifie le riz
mì dans le quatrième ton signifie le miel

C'est égal, sur l'autoroute M40, j'ai mes diction-naires pour regarder quel est exactement être/hêtre. Le *Collins* me dit qu'il est un arbre européen, mais quand je regarde mon *Petit dictionnaire*, je vois que c'est un arbre appelé *shan mao ju*. Cet arbre pousse partout en Chine. Nous le coupons pour allumer les feux dans la cuisine. Quand nous sommes enfants, nous le transportons dans les paniers et cueillons ses graines.

Les bois sont denses, sombres, et humides.

Les arbres sont énormes, hauts, et solides.

Tous les bois poussent silencieusement et secrètement. Tous les bois sont pourritures. Sur la route, il faisait beau, mais dans les bois, le climat est complètement différent. Il est froid et pluvieux. Les pluies gouttent des feuilles et des branches centenaires grisantes. Les pluies noient les étangs étouffés de mauvaises herbes.

Dans l'étang boueux et vert, le lotus paisible flotte et les libellules fusent. Tu me tiens et caresses. Nous nous enlaçons. Tu soulèves ma jupe en jean, et tu touches mon jardin. Mon jardin est chaud et humide. Tu caresses ma hanche et je déboutonne ton jean. Nous faisons l'amour. Nous faisons l'amour. Nous mêlons nos êtres sous le hêtre silencieux. Si paisible, paisible. Nous entendons les enfants crier loin sur le terrain de football.

Seulement les pluies gouttent, tombent sur nos cheveux, nos peaux. Les pluies gouttent sur les primevères à nos pieds, sans nous déranger.

MONDE LIBRE

Monde libre loc. Pays non communistes.

Tu dis :

« J'ai une chance incroyable d'être avec toi. Nous allons vivre un tas d'aventures passionnantes ensemble. Notre première grande aventure sera un voyage dans l'ouest du pays de Galles. Je te montrerai la mer. Je t'apprendrai à nager, parce que c'est dommage qu'une petite paysanne ne sache pas nager. Je te montrerai les dauphins et les phoques avec leurs bébés. Je veux que tu connaisses la beauté, la paix et le silence d'un cottage gallois. Je pense que tu vas adorer cet endroit. »

Tu dis aussi :

« Puis je veux t'emmener en Espagne et en France. Je sais que tu vas adorer. Mais il faut attendre un peu. Il faut qu'on gagne de l'argent. Il faut que je travaille plus, que je fasse plus de livraisons avec la camionnette pour des gens riches et ennuyeux. Moi aussi, je suis ennuyeux. Tu penses pouvoir me supporter, ou est-ce que tu vas finir par te lasser de moi ? »

Plus tard tu dis :

« Notre amour est merveilleux parce que tout s'est passé très vite, il s'est enflammé spontanément, comme un feu de forêt. »

Et puis :

« J'adore ta façon d'être. »

Tout est bien pour l'instant, sauf une chose : tu ne comprends pas ma situation de visa limité. Je suis une Chinoise de Chine continentale. Je ne viens pas du monde libre. Et j'ai seulement le visa étudiant d'un an ici. Je ne peux pas quitter l'école de langues à Londres pour aller vivre avec les arbres et la mer, même si cet endroit est très beau. Et je ne peux pas faire le voyage d'agrément en France et en Espagne : je dois prouver mon bon compte bancaire au fonctionnaire de l'ambassade. Et je pense que mon compte bancaire n'est pas bien qualifié pour recevoir un visa européen. Tu es un homme libre du monde libre. Mais je ne suis pas libre comme toi.

Mai

COUTUME

Coutume n.f. Tradition, façon d'agir établie par l'usage ; habitude.

Le petit café s'appelle les Seven Seas. Toutes les vitres sont couvertes de brouillard à cause de la vapeur. Bruyant. Bébés. Mères. Couples. Vieux homme solitaire. Tu ouvres le journal et tu bois le thé anglais laiteux épais du petit déjeuner. Moi je ne fais rien.

Je veux te parler. Mais tu lis le journal. Je dois respecter ton hobby. Alors je parle avec le séduisant serveur en costume blanc.

« D'où venez-vous ?

— De Chypre, il dit en souriant.

— Les cuisiniers sont aussi de Chypre ?

— Oui.

— Alors vos cuisiniers de Chypre font le petit déjeuner anglais pour les Anglais ?

— Oui, les Chypriotes font le petit déjeuner des Anglais parce que les Anglais ne savent pas cuisiner. »

Je vois d'après la cuisine ouverte que les saucisses grésillent sur la poêle. Et aussi les champignons et les œufs brouillons : ils attendent tous d'être dévorés.

J'adore ces vieux cafés huileux de Hackney. On peut regarder les fumées et les vapeurs sortir de la machine à café ou de la cuisine toute la journée. C'est une bénédiction de la vie.

Dans le café, il y a une télévision au-dessus de nos têtes. La télé est ouverte mais n'a pas d'images. On entend seulement les informations de la BBC. Le son est mauvais. L'écran neige. C'est un peu dérangeant pour moi, mais il semble que tout le monde l'aime ainsi, car personne ne demande de le réparer.

Soudain la neige blanche devient neige verte, et la voix de la BBC continue. Un homme assis à côté qui mange des bacons et lit le *Daily Mirror* dit au cuisinier :

« Eh bien, on dirait qu'il y a du progrès.

— Oui, monsieur. Au moins, vous n'avez pas besoin de manger votre petit déjeuner, lire le journal et regarder la télé en même temps.

— C'est vrai. » L'homme mâche ses bacons et se concentre sur la photo d'une blonde mi-nue souriante.

Je veux parler. Je ne peux pas m'empêcher. Je dois t'arrêter de lire.

« Tu sais quoi ? Avant, j'ai venu dans ce café, et j'ai resté assise ici tout l'après-midi.

— Et qu'est-ce que tu as fait ici tout l'après-midi ? tu demandes et tu poses le journal avec ennui.

— J'ai lu un magazine porno appelé *Penthouse* pendant trois heures, parce que je voulais étudier

130

l'anglais dans ces articles. Regarder dans le dictionnaire dure très longtemps. »

Tu es surpris.

« Tu ne devrais pas lire des magazines pornos dans un café. Tu risques de choquer les gens.

— Tant pis.

— Mais tu ne peux pas faire ça. C'est très gênant pour les autres clients.

— Alors pourquoi on vend ces magazines partout ? On trouve même dans le supermarché. »

Je pense que rien de la sexualité n'est honteux en Occident. Chacun fait ce qu'il plaît.

L'homme à côté termine ses bacons, et la femme mi-nue aux grosses poitrines est toujours là.

« Je pense que je vais acheter un autre magazine porno, je dis et je me lève.

— Très bien, si ça t'amuse, tu dis et secoues la tête. On est à Hackney, après tout. Les gens ne t'en voudront pas si certaines nuances des coutumes anglaises t'échappent. »

Tu sèches ta tasse de thé.

PET

Pet n.m. *fam.* Gaz intestinal qui s'échappe de
l'anus ; péter v. émettre des gaz.

Soudain, l'homme à côté qui lit le journal avec
la femme aux poitrines nues fait un grand bruit.

« Quel est le nom de ce bruit ? » je demande.

Tu ne comprends ce que je dis. Tu es trop intéressé à regarder les publicités pour les propriétés
immobilières dans le journal.

J'essaie d'expliquer.

« Comment dit-on le nom qui représente une
sorte de bruit du cul ?

— Pardon ?

— Tu le connais, c'est le vent qui vient d'entre
les deux jambes.

— Un pet. »

Pet ?

Le vieux monsieur qui lit nous regarde pendant
plusieurs secondes, puis revient dans son journal.

Jamais je n'entends les Anglais parler du pet. Ils
doivent être trop honteux pour prononcer ce bruit.
Il y a beaucoup de mots que nous disons très souvent

en Chine, mais ici personne ne les dit. Même le dictionnaire anglais écrit que c'est un « tabou ».

屁 est le pet en chinois. C'est un mot fait de deux parties. 尸 est un symbole d'un corps avec une queue, et dessous 比 il représente deux jambes. Le pet est un genre de *qi* ou *chi*. Le *qi* est l'énergie, mais aussi l'air, le souffle 气. Si une personne a ce genre de *qi* régulièrement dans sa vie quotidienne, elle a la très bonne santé. Tout ce qui a rapport avec le *qi* est très important pour nous Chinois. Nous avons beaucoup de mots qui ont rapport avec le *qi*, comme *tai-chi, qi-gong*, ou *chi-chang*.

Oui, pet, je veux souvenir ce nom. C'est l'attitude quand vous appréciez la bonne cuisine familiale, après un grand repas. Les hommes en Chine adorent utiliser ce mot tous les jours.

Tu te concentres toujours sur ton *Guardian*, quelque chose de sérieux avec le terrorisme. Je ne parle à personne. Le vieux monsieur de la table voisine voit que je m'ennuie, alors il me dit :

« Je m'en vais, mon petit. Vous voulez mon journal ? »

Il sort du café, mais tourne la tête pour me regarder encore.

Je prends le journal sur sa table. Il y a un titre :

Le mot de la fin :
une langue s'éteint

C'est à propos d'une Chinoise morte à quatre-vingt-dix-huit ans. Elle est la dernière personne qui écrit une langue pour les femmes seulement : le *nüshu*. Les Chinoises utilisent cette langue secrète de quatre cents ans pour exprimer leurs sentiments intimes. Le journal dit que cette langue est morte avec elle parce qu'aucune femme ne pratique encore ce code secret.

Je veux créer mon *nüshu* à moi. Peut-être le cahier où je mets les nouveaux vocabulaires anglais est un *nüshu*. Ainsi je protège ma vie privée. Vous connaissez mon corps, mon quotidien, mais ne connaissez pas mon *nüshu*.

FOYER

Foyer n.m. Lieu où l'on fait le feu ; lieu où habite la famille, la famille elle-même ; lieu de réunion ou de vie réservé à une certaine catégorie de personnes (travailleurs, personnes âgées) ; source d'un rayonnement, centre d'où provient quelque chose.

Tu me dis : « Je vais rendre visite à une famille qui habite à côté. Tu m'accompagnes ?

Une famille ? Quel genre de famille ? Pas ta famille ?

— Non. Une famille bengalie. »

Ce n'est pas très normal que tu veux voir une autre famille. Car tu n'es pas favorable au concept de famille. Tu dis que la famille est contre la communauté. Tu dis que la famille est un produit égoïste.

Il semble que tu aimes les autres familles plus que la tienne. Dans cette famille bengalie, tu as connu les enfants, il y a des nombreuses années, quand tu étais éducateur. Dans une maison entre Brick Lane et Bethnal Green Road, la vieille mère bengalie élève dix enfants. C'est une grande maison de trois étages et dix petites pièces. Cinq enfants ont la même mère, et cinq ont une autre mère, mais tous ont le même père. L'homme, un Bengali marié, est allé à Londres il y a vingt-cinq ans et il est remarié avec cette femme à Londres. Il a fait des affaires entre l'Angleterre et le Bangladesh. Puis il est mort et a laissé une famille à Londres et une famille au Bangladesh. Mais les cinq enfants du Bangladesh ont voulu aller à Londres, alors on les a amenés pour vivre avec la mère de Londres. Ces enfants ont entre trois et vingt-quatre ans. Le plus jeune est né en 2000. Naître en 2000 doit être étrange. Il sait dire seulement *bye-bye* en anglais. Le plus vieux vient de recevoir son diplôme de Gold Smith College. Il a étudié le droit et veut être un juge.

« Je ne comprends pas comment une mère élève dix enfants sans un mari, je dis de ma petite voix. Elle n'a même pas de travail !

— C'est pour ça que j'aime ces gens. Ils vivent leur vie sans faire d'histoires. Ils ont leur petite entreprise familiale : ils fabriquent des boucles d'oreilles et des colliers à la maison.

— Mais deux groupes d'enfants avec des mères différentes, ils ne disputent pas ?

— Non, ils aiment vivre ensemble. C'est vrai qu'ils sont à part. Si seulement ma famille pouvait leur ressembler !

— Tu détestes ta famille ? je demande.

— Je n'irais pas jusque-là. Disons que je ne l'aime pas. Elle est trop triste. J'ai coupé les ponts il y a des années. »

Tu entres dans le silence.

Je ne peux pas imaginer de couper avec ma famille. Même si ma mère a un caractère affreux et me fait mal, ma vie dépend d'eux, et je ne peux pas survivre sans eux.

« Est-ce que tu veux faire une famille avec moi ? je demande.

— Est-ce qu'on ne forme pas déjà une famille ?

— Non, une vraie famille.

— C'est quoi, une vraie famille ?

— Maison, mari et femme, ils font des enfants, ils font le dîner ensemble, ils voyagent ensemble…

— Les Chinois ne sont pas censés être communistes ? »

Tu sembles te moquer, mais je ne comprends pas.

Nous nous regardons. Plus de discussion là-dessus.

Tu dis *Salam Aleïkoum* à la vieille mère. Elle est entourée d'un vieux sari vert. Son visage est très ridé, couleur marron foncé. Elle n'a jamais fait l'école et ne sait pas un mot d'anglais. Alors elle sourit toujours et dit peu. Quand ses enfants parlent fort en anglais dans le salon devant la BBC, son regard est tranquille, comme si elle comprend tout. La chasse des toilettes ne marche pas et la douche ne marche pas. Il n'y a pas d'argent pour réparer. Mais ils ne sont pas gênés. Il semble que leur vie n'est pas compliquée du tout. Ils prennent la douche froide une fois par semaine, et ne nécessitent pas le papier toilette parce qu'ils utilisent l'eau pour se nettoyer, puis vident le seau dans la cuvette.

Les dealers vendent les drogues devant leurs fenêtres, et les ivrognes font des bruits avec leurs bouteilles quand ils marchent dans la rue tous les soirs, mais ils ne donnent pas d'ennuis à la famille.

En chinois, nous avons le même mot 家 *(jia)* pour « foyer », « famille », et parfois il inclut « maison ». Chez nous, la famille est la même chose que la maison, et cette maison est aussi le seul foyer de la famille : 家 un toit dessus, puis des jambes et bras à l'intérieur. Quand on écrit le caractère, on sent ces jambes et ces bras se déplacer sous le toit. Le foyer est une habitation pour la famille.

Mais l'anglais est différent. Dans le dictionnaire *Roget's Thesaurus*, « famille » est rangée avec : subdivision, cupidité, généalogie, parenté, postérité, communauté, noblesse.

Il semble que la famille n'est pas un lieu ici. Peut-être en Occident, les gens ne font que déménager d'une maison pour une autre ? Ils cherchent toujours une maison. Peut-être c'est le travail à vie des Occidentaux ?

Je dis toujours que j'ai besoin d'un foyer. Ton visage semble triste et déçu de ne pas pouvoir me rendre heureuse.

« Mais je suis ton foyer, tu dis.

— Oui, mais tu pars toujours, et tu ne veux pas vivre dans cette maison.

— Tu as raison. J'en ai marre de vivre en ville. » Et tu ajoutes : « Je n'ai aucune envie de me marier.

— Mais j'aime la ville et j'aime le mariage. Donc cela signifie que nous ne pouvons pas avoir le foyer ensemble.

— Je n'ai jamais dit ça. »

Ton air est distant.

L'amour signifie le foyer. Ou le foyer signifie l'amour ?

La peur d'être sans foyer. Peut-être c'est pour cela que je t'aime ? La peur toute simple ?

Je construis la Grande Muraille autour de toi et moi, car j'ai très peur de perdre le foyer. J'ai cette grande peur depuis mon enfance.

Tu ne demandes presque jamais sur mon enfance. Pour toi, c'est une zone morte. Lorsque je pense à mon enfance, je vois que mon monde émotionnel était très violent.

Nous étions paysans. Mes parents ont travaillé dans les champs de riz. Ils ont commencé les chaussures après que je suis terminé le lycée. Quand ils ont compris qu'ils ne gagnent jamais l'argent avec le riz, ils ont vendu leurs champs pas cher et ils ont commencé une petite entreprise. Aussi, les filles plus grandes m'ont battue. Au village, les gens montrent leur émotion avec les coups et les cris. Mon père m'a battue parfois, et aussi ma mère. C'est normal.

Nous étions pauvres. La nourriture n'était pas assez. Nous n'avions pas beaucoup de viande. À chaque repas, j'ai eu peur de manger plus que ma mère était prévue. Parfois, il y avait des porcs frits sur la table, et ils sentaient délicieux. Mais je n'osais pas mettre mes baguettes dans la viande, parce qu'elle était seulement pour mon père. L'homme a besoin de la viande, et l'homme est plus important que la femme, bien sûr. J'avais très envie de mordre un porc frit ! Mais ma mère surveillait la table. Je la détestais et j'avais la peur. Elle tapait mes baguettes si j'approchais des porcs.

Je suis faim toujours, parce que je n'ai jamais les choses que je veux vraiment manger, comme la viande, n'importe quelle viande. Cette faim reste dans mon ventre encore aujourd'hui.

Ma mère a un caractère affreux. Peut-être elle me déteste, car je suis une fille inutile. Elle ne peut pas faire les autres enfants car nous avons la politique de l'enfant unique. Peut-être c'est pourquoi elle me tape. Parce que je suis sa déception. La vie est injuste avec elle aussi. Sa mère l'a battue parce qu'elle a marié mon père. Elle a perdu tout ce qui est à elle quand elle l'a marié.

Lorsque j'étais à l'adolescence, je ne faisais confiance à rien et à personne. Peut-être je n'ai même pas le concept de confiance. Il n'existe pas dans mon dictionnaire. D'abord, je ne peux pas faire confiance à mon pays. On nous dit que nous devons être fiers de nos milliers d'années d'histoire, et après on démolit et laisse en ruines les temples anciens. On démolit et on débarrasse toutes les vieilles choses. Alors, est-ce qu'il faut comprendre que notre passé n'a pas de valeur ?

Je dois construire mon foyer à moi, un foyer avec celui que j'aime. Mais je ne sais pas comment je garde ce foyer toujours, toute ma vie. La peur est un poison partout dans mon cœur. C'est cela que tu détestes.

Tu dis : « Tu devrais me faire confiance. Je ne vais pas tomber amoureux de quelqu'un d'autre.

— Mais comment je sais ? Je veux bien te faire confiance, mais peut-être tu es séduit par quelqu'un d'autre. Alors je ne peux pas avoir confiance.

— Mais tu dois me faire confiance.

— Oui, mais cela ne t'empêche pas de tomber amoureux d'une nouvelle personne. Et moi aussi. Tu peux me faire confiance, mais peut-être je tombe amoureuse d'une nouvelle personne. Alors, c'est quoi la confiance, vraiment ?

— Si on tombe amoureux de quelqu'un d'autre, très bien, c'est la vie. Ce n'est pas quelque chose que l'on peut maîtriser. » Ton air est un peu froid.

« Très bien ? Pourquoi tu dis on ne peut pas maîtriser ? On peut si on veut ! » Je parle comme une guerrière puissante.

Après nous discutons d'autre chose. Nous savons que cette conversation ne va nulle part. De quoi nous pouvons parler sous le même toit, sauf le thé est excellent, la salade est super bonne et apprendre des nouveaux vocabulaires ?

« Quand est votre fête nationale ? je demande.

— Quelle drôle de question. Pourquoi tu veux le savoir ?

— Elle n'est pas une journée importante pour toi ?

— Pas particulièrement. C'est le jour de la Saint-George. En avril ou en mai, je ne sais plus. »

Je ne sais pas qui est saint George. Peut-être il est un genre de président Mao. Mais je ne veux pas m'ennuyer à connaître toutes ces personnes mortes.

Alors nous sommes silencieux encore.

« Au fait, c'est quand ton anniversaire ? tu me demandes.

— Le 23 juillet, mais ce n'est pas mon anniversaire vraiment. Ma mère connaît seulement mon anniversaire dans le calendrier lunaire chinois et quand le système de calendrier occidental arrive dans notre société, elle oublie.

« Sérieux ? » Soudain, ton visage est joyeux.

« Oui, nous n'avons jamais de gâteau d'anniversaire dans notre famille pour la cérémonie, alors pourquoi la date de naissance ? Elle est seulement pour l'administration.

— Et ton passeport ? Qu'est-ce qu'il y a d'écrit dessus ?

— J'ai écrit n'importe quelle date occidentale et le fonctionnaire l'a imprimée sur mon passeport. »

Ce sujet est très passionnant pour toi, alors je continue.

« Mon père ne sait pas son anniversaire, parce que ses parents sont morts quand il était petit enfant. Ma mère sait que son anniversaire est le quinzième jour de la septième lune, le jour de la fête du Fantôme affamé. Alors toute sa vie est consacrée à éviter ce jour affamé. »

COLONIE

Colonie n.f. Groupe humain qui s'installe dans un nouveau pays tout en restant sous l'autorité de son pays d'origine ; territoire occupé par les colons ; ensemble de personnes ou d'animaux vivant ensemble.

Ta manière de faire l'amour avec moi est expérience nouvelle dans ma vie. La sexualité est vraiment ainsi ? Pénétrer est une façon pour toi d'entrer mon âme. Tu es fort. Et ta force est irrésistible. Pour toi, je ne suis pas préparée. Tu me broies et me presses dans ton corps. Faire l'amour est une torture. Faire l'amour est une bataille. Puis je m'habitue et maintenant je ne peux plus m'en passer. Tu tiens mon corps comme tu tiens un petit objet, une pomme ou un petit animal. La force dans tes bras, tes jambes, et ta hanche est comme la force d'une énorme bête qui vit dans la jungle. La vibration de ton muscle secoue ma peau. Le battement de ton cœur fait battre mon cœur.

Tu es le commandeur.

Tu embrasses mes lèvres, mes yeux, ma joue, mes oreilles, mon cou, et mon collier d'argent.

C'est comme si mon collier a une magie spéciale pour toi. Et cette magie t'oblige à te consacrer à mon corps. Tu embrasses mes poitrines. Tu tètes aussi. Tu es comme le bébé qui a soif du lait maternel. Tu lèches mon corps et mes jambes et mes pieds. Tu possèdes tout mon corps. C'est ta ferme. Puis tu reviens à mon jardin. Tes lèvres promènent dans ma grotte, et dans cette nature tiède et mouillée, tu essaies de trouver une chose précieuse, une chose que tu rêves toujours. Là tu promènes seul, là tu aimes et là tu veux vivre.

Mon corps entier est ta colonie.

Juin

SE PROSTITUER

Se prostituer v. Consentir à des rapports sexuels contre de l'argent ; se vendre, avilir ses talents en se livrant à des tâches indignes.

Je nécessite de développer ma vie occidentale, donc je vais à Charing Cross Road pour chercher des livres de cuisine. Je veux savoir faire les nourritures occidentales telles que les pâtes ou le *Yorkshire pudding*. Finalement, je me trouve dans Soho Original Bookshop. Pas de livres de cuisine ici, à part *Comment faire l'amour et cuisiner en même temps*, mais beaucoup de livres montrent les corps nus. « Prostituée », je lis ce mot sur un des livres de photos. Les photos sont choquantes. Dans le magasin, je lis tout le livre. Corps. Étranges costumes, étranges positions. Encore des corps qui font des relations sexuelles.

Soho, Berwick Street. Mes pieds ne peuvent pas bouger du sex-shop. Des soutiens-gorge en cuir avec deux trous au milieu, des ceintures en cuir, des menottes…

Un mot : « reins », écrit sur un mode d'emploi. Je ne l'ai jamais connu avant. Devant les rayons, je regarde mon dictionnaire *Collins*.

Rein n.m. Organe pair situé dans les fosses lombaires et sécréteur d'urine ; partie inférieure du dos au niveau des lombes ; loc. Un tour de reins.

Il n'y a pas d'autre explication. Je déteste ce dictionnaire. Quelles sont les lombes ? Pourquoi l'organe sécréteur d'urine dans le mode d'emploi excitant ? Quel est ce tour de reins que le livre parle ?

Je range mon dictionnaire dans ma poche et je vois que le vendeur me regarde comme un tigre. Et il y a deux vieux hommes, chauves les deux, et ils me regardent aussi. Je sors du magasin.

Quartier chaud.

Un, deux, trois, quatre, cinq, six livres… Je change les billets en pièces.

Je suis dans la salle du peep-show. C'est un endroit minuscule pour une personne debout, et je vois la scène tournante par un petit trou. Je mets la première pièce et regarde une femme montrer son nu.

Elle est blonde. Les cheveux brillants comme le velours doré. Elle est jeune. Elle porte un haut brillant moulé. Son bas aussi est entouré par un tissu brillant. C'est le tour de reins ? Maintenant elle se découvre. Elle a des jolies poitrines rondes, deux pamplemousses d'été. Sa peau est un peu foncée, comme si elle revient de la plage ensoleillée.

Le petit trou ferme. Je mets une deuxième pièce. La lumière devient rouge. Maintenant son sexe baigne dans le rouge. Elle s'allonge sur la scène ronde couverte de velours rouge. La scène tourne, lentement, sans bruit.

Je mets une troisième pièce. Elle ouvre ses jambes. Les jambes de jade blanc. Elle sourit à tout le monde. Même l'endroit entre ses jambes sourit. Son jardin flirte avec le monde autour. Elle a un jardin rosé, et les deux lèvres entrouvertes comme si elles attendent le baiser. Jamais je ne vois le jardin d'une autre femme avant. Il choque mes yeux. Je souviens d'un jour, quand toi et moi nous faisons l'amour, tu me donnes un petit miroir pour refléter l'endroit entre mes jambes ouvertes.

Tu dis : « C'est ton clitoris. »

Je vois que mon sexe est marron. Jamais je n'ai su la couleur de mon sexe avant.

Maintenant je mets la quatrième pièce. Son endroit caché est totalement exposé. Son paysage secret apparaît. Sa main droite caresse sa vallée de la tendresse. Ses doigts fins et longs touchent son sexe, ils sont une belle danseuse qui danse dans son jardin. Elle cajole sa vallée, va et vient, délicatement, encore. Des pétales fleurissent dans son jardin humide. Les pétales sont frais comme la rose. Son buisson est sombre, comme un delta fertile, un delta qui est relié à un chemin secret. Elle semble enflammée. Mais son visage disparaît. Le désir seul parle aux gens.

Je mets la cinquième pièce. Maintenant son dos est couché sur la scène et elle lève ses deux jambes haut. – 阴道 *yin dao* : le tunnel obscur, c'est le mot chinois pour dire le vagin. Son tunnel obscur est juste en face de moi. Son tunnel secret, courbe et voluteux, paraît un labyrinthe. L'intérieur est rose et juteux, comme une figue ouverte.

Le petit trou se ferme encore, alors je mets ma dernière pièce. La femme est toujours là. Son corps nu danse sur le velours rouge. Quel est son nom ? Quelle est sa vie ? A-t-elle un seul homme ou beaucoup des hommes ? D'où vient-elle ? Serbie ? Croatie ? Yougoslavie ? Russie ? Pologne ?

Même jour, même après-midi, même spectacle de sexe vivant. Cette fois, je dépense vingt livres pour voir deux personnes ensemble.

Maintenant, sur la scène, un beau jeune homme et une femme brune.

L'homme a un corps viril. Il est musclé et sa peau est dorée. Il a les lunettes. Ses belles chevelures touffues font une queue-de-cheval. Il porte seulement le short moulé et ses jambes sont puissantes. Il embrasse la femme. La femme porte un soutien-gorge rouge et une minijupe argentée. Ses belles poitrines gonflent, invitent les regards assoiffés. L'homme déboutonne le soutien-gorge. Ses mamelons fleurissent aussitôt, comme le bouton de rose du début de l'été. Il caresse son cou, ses poitrines, sa taille, sa hanche et ses jambes. Il est très élégant, un jeune gentleman. Mais il se prostitue, « se vend et avilit ses talents en se livrant à des tâches indignes », comme je lis dans le dictionnaire.

Tandis que je regarde, je veux me prostituer moi aussi. Je veux savoir exposer mon corps, soulager mon corps, emmener mon corps loin du dictionnaire, de la grammaire et des phrases, laisser mon corps briser ces disciplines. Quel soulagement que la prostituée ne nécessite pas de parler un bon anglais. Et elle ne nécessite pas d'apporter un dictionnaire partout.

Maintenant, c'est à elle : son pouvoir sur lui. Elle le séduit. Ses mains aux ongles écarlates caressent le delta de l'homme, une colline couverte d'herbe. L'oiseau de l'homme devient plus gros et plus fort. Il ne peut pas s'empêcher de dévorer ses mamelons roses, d'embrasser son cou de neige et de chuchoter dans son oreille. Le corps de la femme est une cérémonie, une centrale électrique, un phare. Et la couleur magique des néons coule sur sa peau.

Il devient impulsif. Il soulève la jupe courte argentée et je vois le delta de la femme. Son buisson est très touffu, comme les buissons au bord de la rivière des régions tropicales. Les doigts de l'homme voyagent dans son buisson et disparaissent dans sa grotte. Elle a maintenant le visage radieux. Sa bouche est entrouverte. Elle attend avec excitation. Il sort les doigts de la grotte. Il se met genoux, embrasse son buisson et lèche sa grotte. Le jus de la femme brille sur le visage de l'homme.

La grande décadence m'attire.

La grande décadence me séduit, elle est un aimant.

La musique approche de la fin. Une grande mélodie. Presque dérangeante.

Sur la scène tournante, l'homme se dresse comme une montagne. La femme se met genoux et prend l'oiseau dans sa bouche. Elle a les lèvres mouillées comme sa vallée. Elle le suce. Il tremble un peu et son corps balance. Il tient fort les épaules nues de la femme et il résiste. Deux corps collés ensemble. Non, il ne peut plus la tenir. Le volcan fait éruption et le liquide argent couvre le visage de la femme.

PARADIS

Paradis n.m. Séjour de Dieu et des justes après leur mort, royaume des cieux ; état ou lieu de bonheur parfait.

Mon père a dit une fois que dans son rêve, il mange des jeunes pousses. Mon père adore les jeunes pousses. Dans ce rêve, ses dents mordent les jeunes pousses fraîches et il entend clairement le son croquant dans sa bouche. Le son est tellement beau. Je suis au paradis, il dit. Mais ma mère n'est jamais d'accord avec lui. Ma mère pense que le rêve n'a pas de bruit. On entend les bruits seulement parce qu'on l'imagine.

« Le rêve est silencieux, comme le paradis », c'est ce qu'elle dit.

Le paradis chinois doit avoir beaucoup de pêchers, beaucoup de belles princesses en jupe de soie et longues manches, comme dans les films d'arts martiaux. Il n'y a pas d'homme, seul le fils du Ciel vit ici, et tous les jours il mange les pêches servies par les belles princesses. Je ne sais pas si ce paradis est la place où ma grand-mère prie et veut aller à sa mort. J'espère. Mais si ma grand-mère l'habite, alors elle gâche ce monde merveilleux. Parce qu'elle est affreuse.

« Est-ce que le paradis est vraiment silencieux ? j'ai demandé une fois à ma mère, timidement.

— Pourquoi ? Tu penses que le paradis est aussi bruyant que ce quartier ? »

Le quartier que nous vivions était très surpeuplé, petit et désordonné comme une zone de guerre. Vingt familles ont habité près de nous et chaque famille avait sept ou neuf enfants, parce que la politique de l'enfant unique a commencé seulement depuis 1977. Alors il y avait environ cent cinquante enfants qui criaient-battaient-pleuraient tous les jours. Puis il y avait environ vingt grands-mères qui criaient au moins quarante fils et quarante belles-filles chaque soir. Le quartier était comme le petit village. On élevait les coqs et les poules partout. Toujours on entendait les petits poulets gémir parce qu'ils étaient écrasés par les enfants qui couraient. C'était la vie avant que mes parents ont fait l'entreprise. Après, les chaussures de cuir, les chaussures de tissu, les chaussures de sport s'empilent, comme si une colline a poussé dans la cour. D'abord mes parents travaillent pour des acheteurs les chaussures. Puis cinq ans après, ils ouvrent leur usine. Alors, tous les gens du quartier deviennent leurs employés.

Et toi, l'Occidental, tu me demandes encore : « À ton avis, à quoi ressemble le paradis ? En admettant que tu y croies, bien sûr… »

Je souviens les paroles de ma mère et les jeunes pousses de mon père. Je ne sais pas.

« Quel paradis ? Le paradis chinois ou le paradis occidental ?

— Parce qu'il y a une différence ? tu demandes en riant.

— Sûrement ils sont différents.

— S'il y a plusieurs paradis, alors ils doivent se battre entre eux.

— Se battre est bon. Il rend le paradis plus habitable », je dis.

Tu me regardes avec étonnement. Pourtant tu sais que j'aime me battre. Je suis une guerrière. J'aime faire chaque chose par la bataille. Je me bats pour tout. Je lutte pour tout. Nous Chinois sont habitués de lutter pour tout : la nourriture, l'éducation, la maison, la liberté, le visa, les droits de l'homme. Si nous ne nécessitons pas de nous battre, alors nous ne savons plus comment vivre.

IDYLLE

Idylle n.f. Amourette, intrigue, pastorale, poème, toquade, caprice.

« L'amitié résiste au temps, pas les idylles. » Je pense souvent la phrase dans ton journal intime, mais quand je regarde dans ton dictionnaire *Roget*, je lis tant de mots possibles pour l'idylle. L'idylle est-elle pareille à l'amour ?

« Explique-moi idylle exactement, je demande.

— Idylle ? »

Tu penses fort. Peut-être c'est la première fois qu'on te demande cette question.

« Ma fois, c'est compliqué… Disons que c'est comme une rose…

— Une rose ? Quel genre de rose ? »

Nous sommes dans le jardin alors tu retournes la maison pour chercher un livre.

« Une rose comme dans ce poème », tu dis et tu lis :

> Toute la nuit à côté de la rose, la rose
> Toute la nuit à côté de la rose je repose.

> Cette rose que je n'ose voler,
> Et dont la fleur pourtant j'emporterai[1].

Le poème est très beau, je veux savoir qui l'écrit. Sur le livre, je lis Anonyme.

« Cet Anonyme est très bon écrivain, je dis. Je pense qu'il est mieux que Shakespeare, plus facile. »

Tu ris.

« Oui, et peut-être encore plus prolifique.

— Hein ?

— Anonyme n'est pas une personne, c'est ce que l'on met quand on ignore le nom de l'auteur. »

Je suis déçue et je regarde dans ton jardin. Il n'y a pas de rose, et encore moins de rose chinoise.

« Pourquoi tu ne plantes jamais des roses dans le jardin ? Toutes les mains vertes plantent les roses dans ce pays, il paraît. Tu dois avoir une rose. »

Cette fois tu es d'accord avec moi, pas de doute.

Et maintenant, nous avons une rose grimpante dans notre jardin, contre le mur. Elle est une plante maigre avec cinq feuilles vertes et des épines gênantes. Nous disputons dans le marché parce que je veux la rose qui a déjà les fleurs, mais toi tu préfères la petite pousse et attendre qu'elle grandit.

Tu utilises ton outil préféré, la bêche, pour creuser le trou. « Le trou doit être deux fois plus grand que la circonférence de la racine, et faire soixante centimètres de profondeur… » Tu mesures le trou avec les doigts. « Le rosier a des tiges principales et des branches sarmenteuses qui portent les fleurs. Il faut palisser les tiges principales pour que le

---

1. Poème anonyme du Moyen Âge.

rosier grimpe. » Tu es très scientifique. Je te regarde. Es-tu le fermier romantique ?

Alors dans ce monde nouveau loin de chez moi, ici, sous ton arbre fruitier sans fleurs, tu chantes une chanson, une chanson célèbre que j'ai entendue quelque part avant, peut-être en Chine. Ta voix est douce et presque tremblée :

On dit que l'amour est un fleuve qui emporte le frêle roseau
On dit que l'amour est un rasoir qui laisse ton âme en sang
On dit que l'amour est une faim insatiable, un besoin douloureux
Je dis que l'amour est une fleur et tu es sa seule graine

C'est le cœur qui n'apprend jamais à danser, de peur de se briser
C'est le rêve qui n'ose pas, de peur de se réveiller
C'est celui qui refuse de se laisser prendre, qui semble incapable de donner
C'est l'âme qui n'apprend jamais à vivre, de peur de mourir

Lorsque la nuit a été solitaire et la route trop longue
Tu crois que l'amour est réservé aux forts et aux élus
Mais souviens-toi qu'en hiver, sous la neige glacée
Se cache la graine qui, grâce à l'amour du soleil, au printemps donne la rose

Si une personne entend cette chanson et n'est pas émue, alors la personne n'est pas humaine, je pense.

Je t'aime. Et tu sais que je t'aime. Et tu m'aimes aussi.

Tu me dis que la chanson est de Bette Midler, ta préférée. Tu dis que tu aimes les femmes fortes et sans gêne. Tu dis qu'elles sont toutes des homosexuelles comme Bette Midler, Mae West et Billie Holiday. Mais Billie Holiday n'est pas forte : elle est suicidée.

Après deux jours, tu m'emmènes voir la double affiche des documentaires. Deux femmes folles dans une seule nuit.

Petit cinéma de Rupert Street. Le premier documentaire est Mae West, une star hollywoodienne extrêmement populaire. Elle donne toujours le bonheur et le rire au public. Elle est une femme « numéro un », « sans rivale » dans le monde : elle le dit aux médias. Sexy, toujours les bijoux flambants, elle a la confiance et la séduction. Même à quatre-vingt-sept ans, elle porte un manteau de fourrure blanc éblouissant. Les jeunes gardes du corps noirs et les appareils photo la suivent partout. Son visage garde la beauté et la jeunesse, malgré les nombreuses années. Elle est le soleil tropical, elle brille plus que tout le monde.

Le deuxième film est *Billie on Billie*, juste après le documentaire de Mae West. La première scène montre Billie Holiday sur scène. Elle chante tristement : « Ne parlez pas de moi… » : c'est son dernier passage à la télé avant de mourir. Elle a un visage très déprimé, une expression désespérée. Du film, j'apprends sa lutte dans son enfance, la prostitution de sa mère, les abus sexuels à douze ans, sa drogue et son alcool, sa pauvre dignité parce qu'elle est noire. Billie Holiday n'est pas la mélancolie, elle est le désespoir.

« J'ai toujours peur de… », elle dit dans le film. J'aime ses chansons. Étranges fruits… Je veux sortir du cinéma pour pleurer. Je sens sa souffrance dans mon cœur. Plus tard, quand je pense à Mae West, je trouve que son histoire est très irréelle, comme un conte de la lune…

Je veux devenir Mae West, être son courage, son cran, son humour, sa créativité, sa bravade au monde. Elle vit dans l'admiration, la richesse, la confiance. Les hommes sont tous ses esclaves, elle utilise les hommes. Je veux jouer ce rôle. Mais dans la vie véritable, je ne suis personne, même pas tristement Billie, je ne suis qu'une obscure anonyme, avec un nom qui commence à Z. Peut-être cette idylle avec toi jette du poids dans ma vie.

Juillet

TRAVAIL PHYSIQUE

Physique adj. Qui a trait au corps, par opposition au spirituel ou au psychologique ; qui se rapporte au monde concret, à la nature ; qui concerne les sciences physiques ; n.f. Étude des phénomènes naturels.

Pendant six jours Londres a très chaud. Soudain les gens marchent presque nus dans les rues et s'assoient partout sur les herbes pour bavarder. Même Mrs Margaret change. Maintenant elle a des sandales beiges en daim. Je ne peux pas concentrer ses cours dans la chaleur.

La chaleur te rend mécontent car tu dois conduire la camionnette qui est comme un four.

Je te vois toujours disparaître dans cette camionnette blanche. Une très vieille camionnette avec une porte enfoncée et une autre porte qui ne ferme pas correctement, sauf si tu donnes un coup de pied fortement. Des poussières épaisses couvrent toujours les pare-brise devant et derrière. C'est une camionnette de paysan ou de la classe ouvrière.

La camionnette est ta méthode pour gagner l'argent par la livraison des marchandises. Tu dis que tu peux avoir ce métier seulement parce que tu as une grande camionnette.

Tu conduis tout le jour la camionnette. Les marchandises sont pour l'anniversaire, la fête, la cérémonie, le mariage ou n'importe quelle excuse pour consumer de l'argent.

Tu conduis depuis 7 heures tôt le matin à tard le soir. Tu conduis les sept jours de la semaine. Tous les jours sur la route, sur ces routes qui vont dans les grandes maisons de la classe moyenne.

Tu reviens la nuit, sans énergie. La vie devient soudain un peu ennuyeuse. Je comprends que tu es homme physique, un travailleur qui utilise ses mains pour survivre. Tandis que beaucoup de gens dans ce monde gagnent leur vie seulement avec leurs doigts en tapant sur le clavier de l'ordinateur.

Je ne te vois jamais vendre tes sculptures. Personne ne veut acheter une statue souffrante et tordue, je crois. Ou alors peut-être quand c'est une statue de femme nue. Un jour, j'ai vu que tu as fait une maquette de piscine en bois pour la publicité de la société Red Bull. Une autre fois, j'ai vu que tu as fait une très grande maquette de téléphone pour Vodaphone. J'ai entendu que tu as dit « c'est ridicule » ou « c'est de mauvais goût », quand tu fais ces choses. Mais tu gagnes l'argent. Puis un jour tu arrêtes toutes ces maquettes. Je ne sais pas pourquoi.

Je dis : « Tu crois que le travail physique rend les gens heureux, mais tu n'es pas tant heureux maintenant. » Je prépare le thé et la salade pour toi. Il est très tard.

« Je suis crevé. C'est pour ça… » Tu t'assois sur la chaise de la table de cuisine. Tes cheveux sont désordre, pleins des poussières.

« Le travail physique ne fait rien de bon, j'insiste.

— Mais au moins, on ne se prend pas la tête à propos de la vie. » Tu avales le thé, mais le thé aspire toute ton énergie.

« Pour moi, le travail intellectuel est meilleur que le travail physique. Personne ne veut le travail physique. Seulement toi et mes parents. »

Je pose le saladier devant toi.

Tu manges et la pièce devient silencieuse. Le chou blanc est très craquant et les carottes rouges sont dures aussi. Tes dents essaient de les broyer en morceaux. Ton visage paraît soucieux.

Dans ma ville d'origine, nous n'utilisons pas ces deux expressions : travail physique / travail intellectuel.

Tout le travail est 讨生活. Il signifie « agresser la vie ». Faire les chaussures, faire les tofus, faire les sacs en plastique, faire les interrupteurs… Tous ces emplois dépendent de nos corps. Nous gagnons nos vies par nos corps. Maintenant je viens à l'étranger étudier l'anglais. Et je fais cela avec mon cerveau. Et je sais que dans l'avenir, je gagne ma vie par mon cerveau.

Tu insistes que le travailleur physique est meilleur que l'intellectuel.

« Un intellectuel peut avoir un gros cerveau, et un cœur minuscule. »

Jamais je n'ai entendu cette chose avant. Pourquoi tu penses cela ?

Tu dis : « Je veux une vie simple. Je veux revenir à la vie de paysan. »

Intellectuel : 知识分子 *(zhi shi fen si)*.

知识 signifie savoir, 分子 signifie molécule. Les nombreuses molécules de savoir feront un homme instruit.

En Chine, l'intellectuel est tout ce qui est noble. Il signifie l'honneur, la dignité, la responsabilité, le respect, la compréhension. Être l'intellectuel en Chine est un rêve splendide pour les jeunes du milieu paysan. On ne le critique pas, sauf pendant la Révolution culturelle. Il souffre, mais on dit que c'est bon pour lui, qu'il est temps pour lui d'avoir le privilège d'être rééduqué, de connaître une vie différente.

Donc si tu ne veux pas être intellectuel, tu es aussi un garde rouge, comme les gardes rouges qui battent les intellectuels pendant la Révolution culturelle. Un garde rouge qui habite l'Occident.

Jamais je n'ai imaginé que j'aime un garde rouge un jour, mais je t'aime. Je suis amoureuse de toi, même si tu dis que tu n'es pas intellectuel.

Je ne suis pas intellectuelle non plus. En Occident, dans ce pays, je suis une barbare, une paysanne illettrée, un visage du tiers-monde, une étrangère irresponsable. Une alien d'une autre planète.

ISOLER

Isoler v. Mettre à l'écart, séparer ; dégager un corps de ses mélanges ou de ses combinaisons.

Tu es absent encore. Tu as trop des connaissances, des vieux amis à voir et à bavarder, des anciens amants qui vivent dans la même ville, et moi je ne connais personne dans ce pays. Je suis seule dans la maison. Moi et le dictionnaire, le dictionnaire et moi... Je suis fatiguée d'apprendre des mots, encore des mots nouveaux, tous les jours. Encore des exercices sur les verbes, faire une phrase au participe présent, faire une phrase au conditionnel passé... Beaucoup des temps, mais seulement une vie. Pourquoi je perds ma vie à l'étude ?

Le jardin dehors est calme. Les feuilles respirent et les figues poussent. Les abeilles bourdonnent autour du jasmin. Mais je me sens seule. Je regarde cette statue de nu masculin sous le figuier. Couchée contre terre, comme toujours. Une énigme. Complètement une énigme. Chaque fois quand je vais au musée moderne, comme Tate Modern, jamais je ne comprends ces sculptures étranges. Je les déteste. Elles semblent qu'elles ne veulent pas communiquer avec moi, mais leur présence énorme est une perturbation.

La maison est vide. Est-ce que la solitude est un vide ?

Je souviens que ma grand-mère toujours récite deux phrases, des soutras bouddhistes :

色不异空，空不异色。

色皆是空，空皆是色。

Elle explique ainsi : ils signifient que le vide est sans forme, mais que la forme est aussi le vide. Le vide n'est pas vide, en fait il est plein. Il est le début de tout.

Pour l'instant, je ne vois pas comment le vide est le début de tout. Il signifie seulement la solitude pour moi. Je n'ai pas de famille ici, je n'ai pas de maison, pas de travail, pas d'habituel, et je ne peux parler que l'anglais inférieur. Vide.

Je pense que la solitude dans ce pays est une chose très solide, très lourde. Elle est touchable et atteignable, facilement.

La solitude vient me voir pendant certaines heures chaque jour, comme un visiteur. Comme un ami qu'on n'attend pas, un ami qu'on n'a jamais envie de voir spécialement, mais quand même il vous rend visite et vous aime, à sa manière. Quand le soleil quitte le ciel, quand l'énorme obscurité avale la dernière bande rouge à l'horizon, à ce moment, je vois la silhouette de la solitude devant moi, et elle entoure mon corps, ma nuit, mon rêve.

Quelque chose manque dans ma vie, quelque chose est perdu, quelque chose qui remplissait ma vie chinoise.

Nous n'avons pas beaucoup le concept d'individualité en Chine. Nous avons le collectif et nous croyons le collectivisme. Ferme collective, gouvernement collectif. Maintenant nous avons l'assurance sociale collective des gouvernements (集体人寿保险). Quand j'étais dans l'école moyenne, nous étudions la danse de groupe. Nous dansons avec deux cents élèves pendant la classe. Nous devons danser exactement le même rythme et le même mouvement en musique. Peut-être, c'est pourquoi je ne me sens jamais seule en Chine.

Ici, à cet endroit de l'Occident, j'ai perdu ma référence. Je dois écouter ma sensibilité personnelle. Mais ma sensibilité envers le monde est très imprécise.

Je sors un livre de ton étagère : Frida Kahlo. Une Mexicaine peintre. C'est un livre de ses tableaux. Aussi, il raconte sa vie et sa terrible maladie, quand elle ne peut plus marcher après son accident du bus. Des nombreux autoportraits. J'ai cru qu'un peintre fait seulement un autoportrait dans sa vie, comme une personne a seulement une tombe. Mais Frida Kahlo fait plusieurs, comme si elle meurt plusieurs fois dans sa vie. Un s'appelle *Autoportrait au collier d'épines*. Elle a les sourcils pointus, lourds, comme deux couteaux courts ; les yeux de verre noir brillant ; ses cheveux noirs épais sont une forêt noire. Un collier d'épines grimpe son cou. Il y a un singe noir et un chat noir assis sur son épaule.

L'impression sur son visage est très forte. J'apprends qu'elle survit la mutilation parce qu'on a planté du métal dans son corps. Je sens les épines qu'elle a peintes pénétrer dans mon cœur. Je suis douloureuse.

Quand je pose Frida Kahlo, je pense à toi. Tu aimes le lourd de la vie. Tu aimes sentir la difficulté et la rugueur. Je pense que tu aimes sentir le poids de la vie. Tu dis que tu détestes Ikea parce que les meubles d'Ikea sont lisses et légers.

Je vais dans le jardin pour regarder tes sculptures, encore, une par une, attentivement, soigneusement, et je pense à toi avec mes yeux neufs. Cet homme nu, sans tête, couché contre terre avec obstination, ses énormes jambes tordues. Qu'est-ce qui le rend tellement souffrant ?

HUMOUR

Humour n.m. Forme d'esprit qui cherche à présenter la réalité avec drôlerie ; avoir le sens de l'humour : être capable de s'exprimer avec humour, de le comprendre.

Hier, à la maison, nous avons fêté mon anniversaire. J'ai vingt-quatre ans. Oui, je ne sais pas quand est mon vrai anniversaire, mais l'anniversaire du passeport est une excuse parfaite pour un grand repas chinois.

C'est l'année de la Chèvre. Mon signe animal est la Chèvre aussi. J'ai deux fois douze années. Maintenant est donc l'année la plus importante de ma vie, car je rencontre ma destinée. Ma mère dit cela.

Nous faisons une fondue d'anniversaire. Tu dis que tu n'as jamais mangé le repas de fondue avant. Tu dis que c'est intéressant de voir les gens assis autour d'une grande table et cuire la nourriture dans une casserole bouillonnante au milieu.

Il y a environ six ou sept personnes en tout. Certains sont tes amis. Deux sont de mon école. Une fille est du Japon et s'appelle Yoko. Yoko a des yeux de chat très minces et une frange droite qui couvre son front comme un chapeau. Ses chevelures ont des nombreuses couleurs comme rouge, vert et bleu. Elle ressemble une punk, ou peut-être elle est une vraie punk. Une autre est de Corée et s'appelle Kim Yan Zhen. Kim a un visage très pâle et elle est plus blanche que tous les Blancs. Ces deux filles sont célèbres dans notre école car leurs anglais sont impossibles. Même Mrs Margaret dit que mon anglais est mieux que les leurs. Mais peut-être c'est parce que les gens croient que la Japonaise parle japonais quand elle parle anglais. Et quand la fille de Corée parle anglais, elle hoche la tête et arrondit le dos pour montrer sa modestie, mais elle n'ouvre pas les lèvres. Elles sont un peu mes camarades, bien que les Corées détestent les Japonais et que les Japonais n'étaient pas très amicaux avec les Chinois. La chose la plus importante est qu'elles utilisent des mots simples. Yoko s'assoit et dit : « Est-ce que manger ? » Kim Yan Zhen regarde la fondue et demande : « Ton cuisiner ? » J'aime cela. J'aime quand les gens parlent ainsi. On se comprend facilement.

C'est un repas entre l'Orient et l'Occident, même si trois Orientales seulement parlent la langue étrangère pour communiquer.

C'est un culte du manger, c'est exactement le mot pour décrire cela.

Je fais un bouillon au piment rouge épicé, avec des gingembres, ails, ciboules, poireaux, champignons secs, et piments bien sûr. Quand il bout, j'ajoute les tofus et les agneaux. Pour la fondue, les agneaux sont essentiels. Ils donnent le contenu à la forme. Sinon elle est la forme intéressante de l'insignifiant. C'est dommage que tu es végétarien et que tous tes amis dans cette pièce sont aussi végétariens.

Tandis que je cuis les agneaux dans la casserole, toi et tes amis vous regardez et mettez les carottes crues directement dans votre bouche. En Chine, on dit que tu vis comme tu coupes la viande. Ils doivent être des gens timides.

Voici les cadeaux d'anniversaire que tu m'offres : deux livres. Le premier est *Le Prince heureux et autres contes* d'Oscar Wilde. Tu dis que c'est un bon livre pour commencer, pour comprendre l'écriture anglaise facile. Le deuxième est *La Promenade au phare* de Virginia Woolf. Tu dis que je peux le lire après, quand mon anglais devient très bien.

Puis la Japonaise Yoko me donne une petite boîte. Elle est précieuse, comme une boîte de parfum. Sur la couverture est écrit :

Stimulateur intime étanche
Fabriqué en Chine

Quel est cet étanche ? Batterie ? Montre ? Il y a la photo sur la couverture : il ressemble un petit concombre, mais un peu courbe.

Curieusement, j'ouvre la boîte. C'est exactement un petit concombre. Sur le bas, il y a des boutons : marche/arrêt/rapide/lent. Est-ce la machine à brosser les dents ? Je mets dans ma bouche, mais elle rentre mal. Une machine de massage pour la beauté du visage ? Pour le mal du dos et du cou ? Peut-être le mode d'emploi m'explique.

Je déplie le petit papier.

Contours Naturels.
Quel bonheur d'être une femme !

Puis une lettre imprimée :

Chère cliente,
Merci d'avoir acheté votre nouveau masseur Contours Naturels. Contours Naturels est une approche révolutionnaire de la détente intime : un masseur ergonomique qui épouse parfaitement les courbes du corps féminin. Notre objectif est de proposer un objet intime qui, par sa qualité, son design et son élégance séduira la femme actuelle.

Nous avons conçu ce produit pour les femmes d'aujourd'hui qui désirent mieux se connaître et découvrir de nouvelles sensations. Nous espérons qu'il vous donnera entière satisfaction et vous ouvrira les portes d'un monde de relaxation intime insoupçonné.

Puis, il y a un conseil sincère sur le revers de la page :

Contours Naturels est un masseur intime de grande qualité. Élégant, résistant et silencieux, il vous offrira des stimulations incomparables. Son design ergonomique est parfaitement adapté aux formes féminines.

Pour le mettre en route, appuyer sur « marche ».

Je suis ce mode d'emploi et j'allume la machine. Elle bipe. Maintenant tout le monde qui mange la fondue s'arrête pour me regarder.

Tu te penches vers moi et tu chuchotes dans mon oreille : « C'est un vibromasseur. Ça se met dans le vagin. »

Ma main qui tient le vibreur tremble fort. Je l'éteins. Je suis horrifiée.

Tous les invités rient.

« Je trouve que les Asiatiques ont un sens de l'humour formidable, tu dis.

— Non, c'est faux, je clarifie.

— Pourquoi ? Yoko et toi vous faites toujours rire les gens.

— Non. Nous Chinois ne comprenons pas l'humour. Nous semblons drôles à cause du fossé culturel, et que nous sommes trop honnêtes.

— Oui, quand tu parles très honnête, les gens pensent tu cs drôlc. Mais nous stupides, Yoko ajoute.

— Je suis d'accord. » C'est maintenant la Corée Kim Yan Zhen. Elle parle peu, mais quand elle parle, elle impressionne tous. Elle fait sérieusement un commentaire :

« L'humour est un concept occidental. »

Zut, elle parle l'anglais super. Je ne savais pas que l'anglais de Kim s'améliore tant récemment.

Tes amis regardent nous trois Orientales comme s'ils voient les pandas échappés de la forêt de bambous.

Je regarde le vibreur. Je veux commenter à mon tour :

« Prendre plaisir au sexe est un concept occidental aussi.

— N'importe quoi. Les hommes ont plaisir au sexe partout », dit la Corée Kim Yan Zhen.

Les hommes se regardent.

« Mais enfin, Yoko, est-ce que tu lui as offert le vibromasseur pour rire ou est-ce que c'est un cadeau sérieux ? tu demandes.

— Sérieux, bien sûr », Yoko répond. Je sais que Yoko est sérieuse. Les Orientaux sont sérieux, même les jeunes punks.

« Tu n'avais jamais vu de vibromasseur ? un de tes amis me demande.

— Non. Comment je peux voir ?

— Ils sont fabriqués en Chine, après tout, l'ami dit.

— Ça ne signifie pas que je vois. En fait, les étrangers dirigent les grandes usines capitaux mixtes. Et les directeurs emploient beaucoup des travailleurs économiques comme les paysans et les femmes des paysans. Et ces femmes ne savent pas quelles sont ces machines, elles les fabriquent seulement, elles attachent les pièces détachées. C'est pareil pour les ordinateurs : elles attachent les pièces, mais elles n'utilisent jamais. »

Pourquoi on n'écrit pas « godemiché » ou « sexe automatique pour les femmes » sur la boîte ? Peut-être parce qu'il est fabriqué en Chine, il n'est pas permis de dire les choses clairement. Cela cause un grand scandale si quelqu'un du village apprend que son voisin fabrique des sexes en plastique tous les jours dans une usine. Ou peut-être ces usines sont protégées secrètement par le gouvernement. Parce que le gouvernement chinois dit qu'il n'y a pas d'industrie sexuelle en Chine.

Je mets encore des choux blancs dans le bouillon et je ne peux pas m'empêcher de penser aux femmes qui se réveillent tous les matins pour fabriquer les vibreurs. Je les vois, elles laissent à la maison leurs maris chômeurs désagréables et leurs enfants pauvres pour s'asseoir à la chaîne et travailler. Et ces femmes paysannes n'utiliseront jamais de vibreurs dans cette vie. Elles veulent seulement savoir combien elles gagnent aujourd'hui et combien elles peuvent économiser pour la famille.

Je remets le concombre en plastique dans sa boîte. Lorsque je la pose sur la table huileuse, je lis l'avertissement sur le côté :

Laver avec un gant et du savon doux.

MIGRAINE

Migraine n.f. Violent mal de tête qui s'accompagne souvent de nausées et de gêne visuelle.

Une autre journée chaude. Tu es parti ce matin avec ta vieille camionnette blanche. Je suis allée à l'école et j'ai fait un examen de vocabulaire. L'examen s'est passé bien. Je pense que j'ai appris plus de mots anglais après que je suis avec toi. Mrs Margaret me félicite. Elle dit que j'apprends vite. Mais elle ne sait pas que je vis avec un Anglais tous les jours et nuits. Bientôt l'école ferme pour cause des vacances d'été. Mes parents n'ont pas pensé qu'il y a tellement des vacances quand ils ont payé l'école.

Je rentre à la maison le soir et j'allume Radio 4, car je sais que ma compréhension d'écoute est encore mauvaise. Il y a les informations de 18 heures, puis le feuilleton qui s'appelle : *La Ligne du Parti ou la comédie d'un parlementaire frustré*. Je ne comprends pas la comédie anglaise.

J'attends que tu retournes.

Tu retournes à presque 22 heures. Tu me serres dans tes bras avec un vent froid. Tu sembles si fragile. Tu sembles douloureux. Tu dis que tu as deux amendes de stationnement aujourd'hui, l'une est quarante livres, l'autre est soixante livres. Tu dis que tu as disputé avec un policier noir. Tu demandes pourquoi les Noirs sont tellement amicaux en Afrique et tellement malpolis à Londres. Tu dis que Londres craint. Tu dis que Londres est l'endroit qui rend tout le monde agressif.

Tu dis que tu as encore ton fort mal de tête, et que tout ton corps souffre aussi.

Je te fais du thé. Ton thé préféré à la menthe poivrée. (Sur le sachet, il est écrit : « Produit d'Égypte. » J'ai pensé que les Anglais produisent leurs thés eux-mêmes.) Je verse l'eau bouillante dans la théière. C'est une vieille théière de la couleur marron. Elle est très laide. Tu dis que tu utilises cette théière, il y a presque dix ans. Dix ans et tu ne la casses jamais. C'est incroyable.

Tu bois le thé et regardes la fumée qui s'échappe.

Je te donne un cachet contre la douleur. Tu le prends. Mais tu sembles pire. Tu traînes ton corps vers la salle de bains. Tu vomis.

C'est insupportable. J'entends tes douleurs à travers la salle de bains fermée. Il semble que tu vomis toutes les saletés de ton corps, toutes les saletés du monde malade.

Le robinet d'eau s'arrête. Tu sors avec le visage blanc.

« Avant Londres, je n'avais jamais de maux de tête. Quand je vivais à la campagne avec mes chèvres et que je faisais pousser des patates, j'étais en pleine forme. Depuis que je suis ici, j'ai l'impression de passer mon temps à me battre. Mon corps me fait souffrir le martyre. C'est pour cette raison que je déteste Londres. Pas seulement Londres, toutes les grandes villes. Les grandes villes ressemblent à de grands aéroports internationaux. On ne peut pas avoir un instant de paix ici, on ne peut pas trouver l'amour et le garder. »

Et l'amour entre toi et moi ? Il est arrivé dans une grande ville, une très grande ville, Londres, un endroit très international, comme l'aéroport. Est-ce que tu peux garder cet amour ? Est-ce que nous pouvons le garder ? Je me demande, dans mon cœur, pendant que je caresse tes cheveux. Il y a quelque chose qui tremble à l'intérieur de moi.

Maintenant tu es couché sur le lit, ton corps caché dans la couette. Ta couette est très lourde, et la texture très rugueuse. Elle n'est pas pour ces temps chauds. Tu dois l'avoir il y a des nombreuses années, et elle doit venir de quelqu'un d'autre. Tu n'achètes jamais les literies. Lorsque j'ai vu ta couette et tes draps la première fois, je devine tout de suite que tu vis longtemps seul sans femme. Une maison qui a une femme aura nécessairement des literies douces et moelleuses.

Parce que ton corps est frissonnant de douleur, je ne peux pas te laisser comme cela. J'enlève mes vêtements et je m'allonge près de toi.

« Est-ce que tu veux bien faire l'amour ? tu me demandes à voix faible.

— Pourquoi ? Tu as envie ? » Je suis très surprise.

« Oui. »

Tes mains serrent toujours ta tête là où est le mal.

« Si je jouis, ça m'aide à oublier la douleur et à m'endormir, tu dis.

— Et tu fais comment si personne n'est à côté, ou si tu n'as pas d'amour quand tu es très malade ? » Je suis choquée.

« Il me reste toujours ma main. C'est ce que je faisais avant que tu entres dans ma vie. »

Je ne sais pas quoi répondre.

Je touche ton petit oiseau doucement. Je déplace mes doigts. Je ressens ta douleur directement. Elle est un courant électrique qui passe dans mon doigt, ma paume, mon corps, puis ma tête. Je deviens tremblante d'impatience, car je veux guérir ta douleur.

Ton visage semble plus détendu, mais ta respiration est plus haletante. Ton petit oiseau durcit dans mon poing. Je ne me sens pas excitée du tout, je veux seulement que tu arrêtes de souffrir.

« Est-ce que tu es près de jouir ? je demande tandis que je te tiens.

— Oui », tu dis tandis que tu retiens la grande souffrance de l'orgasme.

Ton corps tremble. Alors le sperme sort. Ma main est toute mouillée. Le sperme sort encore. Le lait. Le lait doit être amer quand une personne souffre. C'est le lait de l'amour, de mon amour pour toi, mais aussi le lait de la souffrance, ta souffrance dans ta vie.

Ta respiration s'apaise. Tu quittes ta douleur.

Nous sommes allongés, immobiles sans bouger même d'un centimètre. Immobiles comme tes statues. Le sperme dans ma main sèche. Je sens chaque pulsation dans ton poignet. Je sens chaque battement dans ton cœur. Je respire dans ta respiration. J'inspire ton expire. Très longtemps nous restons allongés ici comme deux statues. Je regarde ton visage, longtemps. Je vois même ta mort. La forme de ta mort.

Août

ÉGAL

Égal, e adj. Identique par la taille, la quantité, le degré ; qui a des droits ou des statuts identiques ; qui ne varie pas, d'humeur constante ; n. Pair, personne égale à une autre.

Rupert Street, restaurant de poisson. Samedi soir. Le grand homard placé sur la fenêtre est une telle séduction que je n'arrive pas à bouger mes pieds. Nous entrons. Tu commandes le fromage de chèvre et un supplément légumes. Je commande la soupe avec le calamar grillé, mariné au vin. Nous décidons aussi de prendre deux verres de vin blanc. Plus tard, quand le serveur apporte l'addition, elle est de quarante livres total. Cher.

Tu sors vingt livres. Je te regarde sans comprendre.

« Tu paies la moitié, tu dis.

— Pourquoi ? Je n'ai pas des livres sur moi.

— Tu as une carte de crédit.

— Mais pourquoi ?

— Je paie toujours pour toi. Ici, les hommes et les femmes sont égaux. Chacun devrait payer sa part de la nourriture et du loyer.

— Mais je croyais que nous sommes ensemble ! »
je proteste avec force.

Le vieux couple de la table voisine arrête de
manger et me regarde avec des visages étranges.

« Ce n'est pas la question. Tu viens de Chine,
le pays le plus égalitaire du monde en matière de
relations entre hommes et femmes. Tu devrais
comprendre. Pourquoi est-ce que ce serait toujours
à moi de payer ?

— Bien sûr tu dois payer. Tu es un homme. Si
je paie, pourquoi je nécessite d'être avec toi ? »

Maintenant tu es fâché.

« Est-ce que tu es en train de me dire que tu es
avec moi uniquement parce que je t'entretiens ?

— Non, pas du tout ! Tu es homme et je suis
femme, et nous vivons ensemble. Quand le couple
vit ensemble, la femme perd la vie sociale automa-
tiquement. Elle reste à la maison pour la cuisine et
le ménage. Et quand elle a des enfants, cela devient
pire. Donc la femme ne peut pas avoir de position
sociale. Elle perd... quel est le mot... l'indépendance financière ? »

C'est ce que j'ai appris à *L'Heure des femmes*
sur Radio 4, tous les matins 10 heures.

« Ah oui ? Très bien, si la femme passe toutes
ses journées à la maison, comme toi, pourquoi elle
n'en profite pas pour aspirer ? Pourquoi est-ce que
c'est moi qui dois aspirer après avoir travaillé du
matin au soir ? »

Cela est vrai. Je ne passe jamais l'aspireur. Je
balaie seulement. Et ma vue est très mauvaise, alors
il reste toujours beaucoup des choses par terre.

« Mais je lave les habits ! Et je cuisine tous les jours !

— Merci, c'est très aimable de ta part. Mais donner un coup d'aspirateur de temps en temps, ça t'embêterait vraiment ?

— Tu sais que je déteste cet aspireur. Tu l'as trouvé au marché des puces, tu le dis toi-même. Il est très bruyant, et très gros. Comme un dragon. Je n'aime pas quelque chose de tellement gros !

— C'est le meilleur ! Tu aimes une grosse bite, non ? Alors pourquoi pas un gros aspirateur ?

— ! »

D'accord, donc l'homme et la femme paient moitié, même quand ils vivent ensemble. Et l'homme et la femme ont leur vie privée et leurs amis privés chacun. L'homme et la femme ont leurs comptes bancaires privés. Est-ce la raison pourquoi les couples occidentaux se séparent facilement et divorcent vite ?

Nous disputons tout le chemin du retour. Nous ouvrons la porte, faisons du thé, et tu recommences à passer l'aspireur.

Il est très bruyant. Il me fait mal de tête immédiat. Sûrement, l'aspireur est inventé par les hommes. Je m'assois sur la chaise pour empêcher le grand dragon de m'avaler et sors *Le Petit Livre rouge* de mon tiroir. Il y a des pages sur les femmes et l'égal, dans le discours de Mao.

Il est de première importance pour l'édification de la grande société socialiste d'inciter en masse les femmes à participer aux activités productrices. Le principe « à travail égal salaire égal » doit être appliqué dans la production.

Ces pensées sont sans doute à l'origine de la légende qui dit que « les femmes portent la moitié du ciel » en Chine.

Tandis que je suis plongée dans mes pensées sur la Chine, tu éteins le dragon. Tu me regardes et dis :

« Je regrette de t'avoir offert des romans. Maintenant tu passes ton temps assise ici à lire et à écrire. Tu t'es embourgeoisée. »

FRUSTRATION

Frustrer v. Déposséder, spolier ; priver d'une satisfaction ; décevoir ; irriter.

Tu reposes dans le bain. De l'eau jusqu'en haut
et la mousse couvre ton corps. Nous deux aimons
prendre un bain quand nous sommes déprimés.
Est-ce que les Anglais le font beaucoup, surtout
pendant l'hiver sombre et long ? Combien de bains
avons-nous pris quand nous sommes ensemble ?
J'ai dû prendre plus de bains dans ces six mois que
dans le reste de mes vingt-quatre années.

Tu ne mets pas la radio. Tu ne bouges pas,
comme une statue nue engloutie.

« Pourquoi tu es silencieux ? »

Tu hausses les épaules. Tu ne commentes pas.

Tu ne veux pas parler. Pas du tout. Pas même
un mot.

« Tu as mal de tête ? »

Tu fais signe que non.

« Alors tu ne veux pas me parler ?

— Non.

— Pourquoi ?

— J'ai envie d'être seul pour réfléchir. Tu sais, les gens ont besoin qu'on les laisse tranquilles parfois. »

Ton visage seul sort de l'eau. L'impression est le ciel couvert d'un grand nuage noir. Tu n'es pas content.

« Pourquoi tu n'es pas content ? Qu'est-ce que je t'ai fait de mauvais ?

— Tu me fatigues. Toujours à me demander des mots. Comment on les épelle, ce qu'ils signifient. J'en ai marre. »

J'écoute.

« C'est épuisant de vivre comme ça. Je ne peux pas passer mon temps à t'expliquer le sens des mots, et je ne peux pas écouter tes questions toute la journée. »

Tu sors de la baignoire et entoures ton corps dans une serviette bleue. Tu es très froid avec moi. Tu me laisses toute seule.

Je me sens abandonnée. Le mot que j'apprends le premier jour que j'arrive à Londres, au Nuttington House rouge sang. « Abandon » et « abandonner » sont les premiers mots de mon *Petit dictionnaire*.

« C'est difficile pour moi, tu continues. J'ai besoin d'air, je n'arrive plus à penser à mes sculptures, à ce qui m'intéresse, à mes mots. Je n'ai plus le temps d'être seul. Maintenant, quand je discute avec des gens, je deviens de plus en plus lent. Je ne trouve pas mes mots. »

J'écoute. Zut, je suis bouleversée d'entendre cela. Je dois dire quelque chose pour me défendre.

« Dans ce cas, ce n'est pas ma faute. C'est parce que nous venons des cultures très différentes. C'est très difficile pour nous deux de communiquer. »

Tu écoutes, puis tu dis :

« Tu commences vraiment à parler anglais correctement. »

Après, la soirée se passe dans un monde de silence. Je ne veux plus te demander des mots, au moins pendant plusieurs heures, et je pense que je ne dois rien dire, au moins ce soir. Tu ne veux pas me parler. L'air dans la maison devient lourd. Finalement, tu me dis : « Viens, on va au ciné. » Je prends mon blouson et je te suis. Nous conduisons la camionnette blanche au cinéma. Oh ! le cinéma sauve notre vie.

Oui, peut-être tu as raison. Peut-être les mots ne sont pas les plus importants dans la vie. Les mots sont vides. Les mots sont secs et distants envers le monde émotionnel.

Peut-être je dois arrêter d'apprendre les mots.

Peut-être je dois arrêter d'écrire les mots tous les jours.

NON-SENS

Non-sens n.m. Défi au bon sens, à la raison ; absurdité ; ce qui est dépourvu de sens.

　　我真他妈地厌倦了这样说英文，这样写英文。我厌倦了这样学英文。我感到全身紧缚，如同牢狱。我害怕从此变成一个小心翼翼的人，没有自信的人。因为我完全不能做我自己，我变得如此渺小，而与我无关的这个英语文化变得如此巨大。我被它驱使，我被它强暴，我被它消灭。我真想彻底忘记这些单词，拼法，时态。我真想说回我天生的语言，可是，我天生的语言它是真正的天生的吗？我仍然记得小时侯学汉语的同样的苦功和痛楚。

　　我们为什么要学习语言？我们为什么要强迫自己与他人交流？如果交流的过程是如此痛苦？

J'en ai par-dessus la tête de parler ainsi. J'en ai par-dessus la tête d'écrire ainsi. J'ai l'impression d'être ligotée, de vivre en prison. J'ai peur d'être devenue une personne qui fait attention à tout ce qu'elle dit. Et j'ai perdu toute assurance, parce que je ne peux pas être moi ici. Je suis devenue toute petite, minuscule, alors que la culture anglaise autour de moi est énorme. Elle m'engloutit, elle me viole. Elle me domine. J'aimerais tellement oublier ce vocabulaire, ces verbes, ces temps, et j'aimerais pouvoir revenir à ma langue à moi. Mais ma langue maternelle est-elle aussi simple ? Je me souviens que j'ai souffert pour apprendre les caractères chinois à l'école.

Pourquoi faut-il que nous étudiions les langues ? Pourquoi nous forçons-nous à communiquer avec les autres ? Pourquoi le processus de la communication est-il si compliqué et douloureux ?

Traduit par l'éditeur

DISSONANT

Dissonant adj. Qui manque d'harmonie, qui ne s'accorde pas (sons, couleurs) ; qui n'est pas en accord avec les autres.

J'ai oublié quand nous avons commencé de disputer.

Nous disputons tous les jours. Les bruits de la maison sont dissonants. Nous disputons à cause d'une tasse de thé. À cause d'un mot malentendu. À cause du vinaigre que je mets dans la nourriture et que tu détestes. À cause de la liberté que tu penses plus importante que tout.

La dispute s'étend dans toutes les directions possibles.

DISPUTE TYPIQUE 1
(Sur le Tibet)

« Je me souviens de t'avoir entendue dire que le Tibet appartenait à la Chine. Je n'arrive pas à croire que tu penses une chose pareille.

— Mais… tu vois les choses du point de vue d'un Blanc anglais, je proteste. Dommage que vous Anglais n'avez pas pu coloniser le Tibet et la Chine.

— Sauf qu'aujourd'hui, c'est la Chine qui a colonisé le Tibet ! » Tu augmentes la voix.

« Si le Tibet n'était pas chinois, alors il est gouverné par l'Empire britannique ou américain. Parce que jamais le Tibet n'a eu l'indépendance économique ! Toujours il dépend des autres, d'un gouvernement puissant. Puisque le Tibet et la Chine sont sur le même morceau de terre, pourquoi nous ne pouvons pas être ensemble ?

— Ça dépend ce que tu entends par "ensemble" ! Si c'est au détriment de la culture tibétaine, alors non. Regarde le nombre de Tibétains que vous avez tués…

— Je n'ai jamais tué de Tibétain ! Aucun Chinois que je connais n'a jamais tué de Tibétain ! En fait, personne en Chine ne veut aller dans ce désert !

— Mais le gouvernement chinois a tué des Tibétains.

— Bien sûr, la BBC ne montre que le mauvais côté de la Chine. »

DISPUTE TYPIQUE 2
(Sur la nourriture)

« C'est ennuyeux de manger toujours avec toi. Tu te nourris seulement avec les légumes et le fromage de chèvre, pas de blé, pas de pâtes, pas de riz blanc, pas de pain, et encore moins du poisson.

Presque pas de restaurants ne te convient. Et tu n'es pas très drôle pour ma cuisine non plus. Mes parents diront que tu perds le plus joyeux de la vie.

« Écoute, tu es l'ennemie des animaux. Combien d'animaux as-tu tués dans ta vie ? » Tu combats le venin par le venin.

« Manger des animaux est dans la nature humaine. Dans la forêt, le tigre mange le lapin. Le lion mange le cerf. La nature est ainsi. » C'est ce que le professeur dit quand je suis à l'école moyenne.

« Mais vous, les Chinois, vous mangez tout sans discernement, même les espèces menacées. Je parie que s'il restait des dinosaures dans les forêts chinoises, quelqu'un aurait envie de goûter leur viande. La protection de la faune est un concept qui vous est totalement étranger. Comment est-ce possible ?

— Pourquoi c'est tellement différent de manger les plantes ? Tous sont des êtres vivants. Si tu es tellement pur, pourquoi tu n'arrêtes pas de manger ? C'est mieux : pas de nourriture, pas de merde.

— C'est impossible de discuter avec toi ! » Tu te lèves et quittes la table du dîner.

DISPUTE TYPIQUE 3
(Sur la carrière)

Je dis que je veux être très instruite de l'anglais chez les Chinois. Aussi, je veux faire quelque chose d'important dans ma vie et devenir célèbre.

« Je n'en reviens pas que tu sois aussi ambitieuse. À quoi sert la célébrité ? Essaie déjà d'être toi-même.

— Pourquoi ambitieux n'est pas bon ? je demande.

— D'abord, ça complique la vie des gens qui vivent avec toi. »

Ces mots me blessent.

« Très bien, j'ai des grosses ambitions et c'est dégoûtant. Mais pourquoi tu veux montrer tes sculptures aux autres ? Tu devrais juste faire et ne jamais montrer !

— Je veux montrer mes sculptures aux autres, parce que je suis curieux de leur avis. Je suis curieux de leur réaction. Je m'en fous d'être connu. Je me fous de la célébrité et de l'argent.

— C'est parce que tu es un Anglais blanc qui vit en Angleterre, possède la propriété et a la Sécurité sociale. Tu es ton patron, donc tu as la dignité. Moi, je n'ai rien ici dans ton pays ! Je dois me battre pour avoir ces choses ! »

Je crie presque. Mais je ne devrais pas crier dans ta propriété privée. Les gens appellent le policier pour n'importe quelle raison dans ce pays.

IDENTITÉ

Identité n.f. Fait d'être un individu et de pouvoir légalement être reconnu comme tel ; individualité ou personnalité ; caractère de ce qui est identique.

J'essaie d'être silencieuse avec toi dans la maison. J'ai lu les livres que tu m'as donnés. J'ai vite fini *Le Prince heureux et autres contes* d'Oscar Wilde. C'était très triste. Le prince ne voit pas la valeur de l'amour du rossignol. Pourquoi les belles histoires sont toujours tristes ? Aussi, j'ai beaucoup aimé le géant égoïste qui a un très grand jardin, mais la dernière phrase m'a fait pleurer. Elle dit : « Et ce jour-là, quand les enfants coururent au jardin, dans l'après-midi, ils trouvèrent le géant couché sous l'arbre, mort et tout couvert de fleurs blanches. » J'ai commencé *La Promenade au phare*. Tu as raison, c'est difficile quand même. Derrière le livre, je lis que c'est l'histoire d'une femme avec huit enfants dans une maison de vacances. Huit enfants sans mari ? Zut, ça doit être dur. Je retiens ma respiration quand je lis la première page. Je ne peux pas respirer bien parce qu'il n'y a presque jamais de point. Cette Virginia Woolf emploie les grands mots. L'écriture est très puissante que c'est presque douloureux pour moi de lire. Je comprends soudain que tu dois souffrir beaucoup par moi. Parce que je suis puissante et exigeante avec les mots, moi aussi. Et le plus grave c'est que tu dois supporter mon anglais tous les jours. Tu n'as pas de chance d'être avec moi.

J'abandonne le livre. Je le garde pour une lecture du futur.

Je suis attirée par les mots « crise d'identité » dans *The Times*. Je l'écris dans mon cahier. Je veux toujours trouver cette expression et enfin je la rencontre. Maintenant, je veux penser à mon identité d'une manière intellectuelle.

Ma mère me dit : « Ta peau est trop foncée et tes cheveux trop fins. Tu ne ressembles pas ton père et moi. Tu ressembles ta barbare de grand-mère ! » Elle me dit encore : « Regarde tes grands pieds. Des vrais pieds de paysanne ! Personne ne voudra te marier. »

Quand elle dit cela, je la déteste et je veux la voir mourir immédiatement.

Mais elle dit au moins une vérité : pour l'instant jamais personne ne veut vraiment me marier.

Quand j'allais à l'école moyenne, les autres élèves se moquaient de moi toujours. Alors je passais mon temps avec les livres pour ne pas parler. Je lisais *Blanche-Neige et les sept nains* en chinois, et je voyais que ma mère était méchante comme la reine. Mais je n'avais pas la peau de neige et j'étais une simple paysanne. Alors aucun prince ne venait me sauver, c'était mon destin. À l'adolescence, je rêvais de fuir ma petite ville d'origine, la ville où ma mère me battait et me critiquait chaque fois que je faisais mal. La ville où mon rêve et ma liberté n'étaient pas.

Dès que j'ai arrivé en Occident, soudain j'ai senti que j'étais chinoise. Ici, il suffit d'avoir des yeux noirs et des cheveux noirs, d'être obsédé par le riz, de ne pas pouvoir manger la nourriture occidentale, de ne pas pouvoir prononcer la différence entre le « r » et le « l », et de demander aux gens sans dire « s'il vous plaît », alors on est un Chinois typique : un immigrant illégal qui traite mal les Tibétains et les Taïwanais, qui fait la bonne cuisine mais avec du glutamate pour empoisonner les gens, mange la viande de chien et boit le jus des entrailles de serpent.

« Je veux être une citoyenne du monde. » Récemment, j'apprends à dire cela. Je pourrais devenir une citoyenne du monde, si j'avais un passeport plus utile. Ah, Mrs Margaret, ce conditionnel encore !

ANARCHISTE

Anarchiste n.m. Partisan de la suppression de l'État ; personne qui rejette toute autorité, fauteur de troubles.

« Qui sont les anarchistes ? » Je lève ma tête du *Guardian*.

Nous sommes au First Choice, un café économique, quarante pence le thé. Nous aimons ce genre d'endroits. Personne ne nous demande de quitter, même si nous consommons moins d'une livre sterling après une heure et demie. Je trouve super la région est de Londres.

Tu prends un Earl Grey et je prends un café. Les œufs liquident partout dans mon assiette. Des enfants pleurent à côté : deux bébés pleureurs avec la mère énorme, pas de mari.

Ton front se plie.

« Les anarchistes ? Ils ne croient pas au gouvernement. Ils pensent que la société ne devrait pas avoir de gouvernement. Que tous les citoyens devraient être égaux. » Tu parles lentement.

« Ils ressemblent les communistes, je dis.

— Non. Les communistes pensent que la classe ouvrière devrait gouverner, prendre le pouvoir, alors que les anarchistes refusent toute forme de pouvoir. Les anarchistes sont individualistes, les communistes croient au collectif. » Tu te tais, car un homme de la classe ouvrière nous regarde et a arrêté de mordre ses saucisses.

Mon intérêt est ouvert. Je veux discuter encore. Tu es mon université.

« Mais il semble que l'anarchiste est l'aboutissement du communiste, ou le communiste avancé. C'est son objectif, le triomphe de la révolution communiste, quand la révolution a supprimé les différences des classes et éliminé le gouvernement. Pas de frontières. Ainsi tout le monde peut être égal. Tu ne penses pas ?

— Peut-être. » Tu ouvres une autre page du journal.

« Alors, est-ce que tu es anarchiste ? » Je n'abandonne pas.

« Je l'ai été. Mais plus maintenant. » Cette fois tu renonces ton journal et tu réponds sérieusement. « La plupart des anarchistes sont en fait des bourgeois. Ils ne veulent pas renoncer à leurs avantages. Ils peuvent être très égoïstes. Je crois que je ne suis plus comme ça. Je veux renoncer aux biens matériels, et vivre aussi simplement que possible. »

La vie la plus simple possible est la chose la plus compliquée à avoir, je pense dans mon intérieur.

« Alors, tu es qui ? » Cette fois, je veux vraiment savoir.

« Je n'en sais rien. Un athée, peut-être. Je ne crois pas qu'il y ait un Dieu dans le ciel. Je ne crois pas au capitalisme, mais le communisme tel qu'il est aujourd'hui ne me convainc pas non plus.

« Donc tu ne crois rien ?

— Mm. » Tu ne réponds pas plus. « Et toi ?

— Moi ? Je crois qu'il y a une superpuissance qui contrôle notre vie. Elle est aussi une puissance au-dessus de la nature. Et cette superpuissance, l'être humain ne peut pas vraiment faire quelque chose pour la changer. »

Je regarde par la fenêtre, et je suis sûre que maintenant, à cet instant précis, il y a une superpuissance mystérieuse au-dessus de nous, au-dessus de notre café économique et au-dessus de notre conversation stupide.

Tu me montres la publicité de *Donnie Darko* dans le journal et me demandes : « Tu as vu ce film ? Quand le prof dit à Donnie : "Tu n'es pas athée, tu es agnostique." Je pense que tu es agnostique aussi. »

« Qui est l'agnostique ? » Je cherche mon *Petit dictionnaire chinois-anglais* dans ma poche.

Nous regardons le dictionnaire de haut en bas, mais le mot agnostique ne se trouve nulle part. Peut-être, il est le mot sans importance pour les Chinois. Ou il n'y a pas d'agnostique du tout dans l'ancienne Chine. Ou bien il est un mot très capitaliste et les autorités l'ont censuré.

« Un agnostique est quelqu'un qui croit à l'existence d'un monde spirituel, un monde métaphysique. Mais il n'a pas encore trouvé ce en quoi il devrait croire…

— Attends. Qu'est-ce que le "métaphysique" ? » J'ouvre mon cahier.

« La métaphysique concerne ce qui n'est pas physique, pas concret... » Tu réfléchis et tu ajoutes : « Tout compte fait, je pense que tu serais plutôt une sceptique.

— Une quoi ? »

Encore, je prends mon dictionnaire et l'ouvre immédiatement. Je suis pressée d'apprendre. Je suis pressée de comprendre tous ces vocabulaires !

Tandis que je me plonge dans cet océan de mots, tu dis : « Ma chérie, tu as fait d'énormes progrès en anglais, mais tu ne peux pas tout savoir. »

L'homme de la classe ouvrière à la table voisine mâche ses frites et me regarde avec une grande fascination. Je crois qu'il n'en revient pas ses oreilles.

HÉROS

Héros n.m. Personnage principal d'un film ou d'un livre ; homme qui se distingue par ses exploits et son courage ; homme qui force l'admiration publique par son génie, son dévouement à une cause.

Ton bonheur est de retour, ton humeur ressemble le temps anglais.

Tu es en paix, comme l'arbre fruitier sans fleurs dans le jardin. Tu es heureux parce que tu commences une nouvelle sculpture. Maintenant, il y a de la terre et du désordre partout dans la maison. C'est un vrai chantier de construction. Argile et plâtre et cire et eau. Ton bonheur vient de ton monde personnel, de ton objet physique, du moulage de la tête de l'homme, des bras de l'homme, de la jambe de l'homme, de la séduction de l'homme... Ton bonheur vient de ton monde masculin. Dans ce monde, tu as l'impression que tu maîtrises tout.

En fait, ta tristesse n'est aucun rapport avec moi. Ton angoisse ne vient pas de moi. Elle vient de ton monde masculin, parce que tu ne te sens pas satisfait avec ta vie d'homme. Tu penses peut-être que je suis un obstacle dans ta vie. Tu penses que notre relation et la prison de l'amour sont la raison de ta tristesse. C'est faux. Ton bonheur comme ta tristesse viennent du monde de ton combat intérieur.

Mon amour est un phare qui cherche toujours quelque chose d'unique en toi. Car tu es unique. Mais je ne sais pas si tu me penses de la même manière. Tu me dis toujours des reproches. Par exemple :

« Comment est-ce qu'une Chinoise peut laisser brûler du riz ? C'est quand même incroyable, tu en manges tous les jours. »

Ou :

« Je passe plus de temps avec toi qu'avec mes amis. Pourquoi tu te plains ? Qu'est-ce que tu veux de plus ? »…

Il ne semble pas que tu me traites comme quelqu'un d'unique dans ta vie. Tu me traites comme un de tes amis. Et tu traces une frontière entre toi et moi. Une limite qui me coupe de ton cœur, de ta vie, qui fait l'amour semblable à l'amitié. Tu vis à l'intérieur de moi, mais je ne vis pas à l'intérieur de toi.

Tu dis que Frida Kahlo est un de tes héros. Bien sûr, j'ai vu cela. J'ai vu cela sur ton étagère. J'ai vu parce que je sais que tes héros sont toujours douloureux et meurent jeunes.

Je vais au parc London Fields et je trouve le désert. Je m'assois sur une chaise pour lire encore Frida Kahlo. Je veux te comprendre et je veux comprendre ton nu tordu allongé sur le sol de ton jardin.

Frida, son corps démoli vivant. Ses os écrasés par l'accident de bus. La mort l'a mangée tous les jours jusqu'à ce qu'il ne reste plus rien de vivant. Encore, je vois ta statue tordue, tellement la même que le corps de Frida dans ses tableaux.

Dans ton monde, je perds mon monde. Dans ta souffrance, je me perds. Tout me fait penser à toi. À toi et ton monde seulement. Je suis comme une tapisserie collée sur le mur de ta maison. La tapisserie te regarde et décore ta maison. « Ne m'enterre pas, brûle-moi. Je ne veux plus être allongée. » Frida sur son lit disait cela à son mari. Elle ne pouvait pas bouger d'un centimètre. Une négociation entre elle et le diable. Ma vie à côté de la sienne, elle n'est rien.

LIBERTÉ

Liberté n.f. État d'une personne qui est libre ; pouvoir ou possibilité d'agir sans contrainte.

我说我爱你，你说你要自由。

为什么自由比爱更重要？没有爱，自由是赤裸裸的一片世界。为什么爱情不能是自由的？难道爱情是自由的监狱？那么多人活在监狱里头吗？

Je dis que je t'aime, toi tu dis que tu veux être libre.

Pourquoi la liberté est-elle plus importante que l'amour ? Sans amour, la liberté est nue. Pourquoi l'amour ne peut-il vivre avec la liberté ? Combien de gens vivent dans cette prison, alors ?

Traduit par l'éditeur

ESPACE SCHENGEN

L'espace Schengen est le territoire constitué par les pays signataires de la convention de Schengen. À l'heure actuelle, les États membres sont les suivants : Autriche – Belgique – Danemark – Finlande – France – Allemagne – Grèce – Islande – Italie – Luxembourg – Pays-Bas – Norvège – Portugal – Espagne – Suède. Le but de la convention de Schengen est d'autoriser la libre circulation des personnes entre les pays signataires.

Tout étranger qui réside légalement dans l'espace Schengen peut faire de courts séjours sans visa dans les autres États membres, dans la mesure où il est muni d'un passeport valide reconnu par ces derniers, et d'un permis de séjour délivré par les autorités du pays d'accueil. Le Royaume-Uni n'ayant pas signé la convention, les ressortissants étrangers qui ne sont pas dispensés de visa par les États membres, et qui vivent de manière permanente ou provisoire au Royaume-Uni, doivent présenter un visa pour pénétrer dans l'espace Schengen.

« Regarde ça, tu dis. Si tu obtiens un visa pour la France, tu pourras visiter tous ces pays. »

Tu me passes l'imprimé.

Je lis attentivement les conditions de la « convention de Schengen ». Je ne sais pas où est le Luxembourg, où sont les Pays-Bas, la Norvège, la Finlande, et bien sûr je ne sais pas où est la Grèce. J'ai cru que la Grèce est à Rome. Je relis les conditions après que je regarde la carte européenne. Je comprends que partout où je veux aller, j'ai besoin du visa, mais je ne comprends encore pas quel est Schengen. Moi, l'étrangère de la Chine communiste, non-membre de l'Union européenne, non-passeport britannique, je dois préparer mes papiers d'assurance médicale et mes documents financiers (heureusement j'ai le logement gratuit ici, chez toi, alors j'ai beaucoup d'argent que mes parents ont préparé pour ma location).

« C'est trop de difficultés, je ne veux pas aller. Je veux rester à Hackney avec toi. »

Tu sembles sérieux : « Je pense que tu devrais voir le monde sans moi. Après tout, tu n'es jamais allée à la mer.

— Alors tu me mènes. »

Tu souris seulement : « Je pense que c'est important que tu voyages seule. »

Quand le visa arrive, je fais encore des recherches sur la carte européenne pour comprendre où est où. Par exemple, la Pologne est à côté de l'Allemagne, et la Roumanie au-dessus de la Bulgarie. Mais je ne trouve pas le Luxembourg.

« Ne t'inquiète pas, achète un billet Inter-Rail, c'est un billet illimité. Tu pourras aller où tu veux en Europe. » Tu sembles très expert.

« Illimité ? je demande, enthousiaste de cette nouvelle.

« Oui, parce que tu as moins de vingt-six ans, tu as droit à des réductions. Tu pourras découvrir tout le continent.

— Le continent ? Où est-il ?

— Tu sauras où est le continent à ton retour. »

Tu me parles comme si je suis ton enfant. Peut-être je te parais une idiote. Peut-être tu aimes l'idiote.

Tu sors des vieilles cartes de tes étagères. Il y a une carte de Berlin, une d'Amsterdam, une de Cologne, une de Rome… Tu souffles les poussières de ces cartes et tu les mets dans mon sac.

« Voilà, elles vont servir de nouveau, depuis le temps qu'elles moisissaient sur cette étagère.

— Mais tous ces endroits doivent être changés depuis le temps que tu es allé, je dis en pensant à la carte de Pékin qui change tous les mois.

— Ce n'est pas comme la Chine. » Tu prends le roman *Intimité* de l'auteur Hanif Kureishi, et tu le mets dans mon sac aussi. « C'est pour lire dans le train. »

Tu t'assois sur la chaise pour boire le thé et tu me regardes faire mes bagages.

Je me sens déjà seule quand je mets mes tee-shirts dans le sac au dos. C'est tout ce que tu veux ? Moi loin de toi ?

Septembre

PARIS

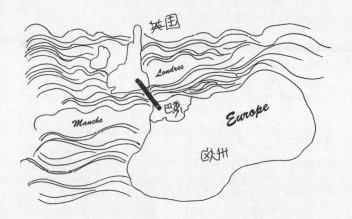

Je pensais que l'anglais est une langue étrange. Maintenant je pense que le français est une langue encore plus étrange. En France, *fish* est « poisson », *bread* est « pain », et *pancake* est « crêpe ». Ils les mangent tous les jours.

« *Du pain*[1] ? »

1. En français dans le texte. *(N.d.T.)*

Une petite brasserie près des Halles, l'homme m'apporte des pains dans une corbeille.

« *Non je ne veux pas pains !* » je réponds. J'apprends cela dans *Français pour débutants*, de Michael Thomas.

Mais une minute plus tard, il revient avec une corbeille et demande :

« *Encore un peu de pain ?*

— Ça sufficient ! » je dis en essuyant ma bouche, debout.

Plus jamais des pains dans ma vie.

Seulement le riz me rend heureuse.

Le voyage Londres-Paris est une grande déception. Quand je suis assise sur le fauteuil confortable de l'Eurostar, l'équipage avec l'accent français annonce que le voyage dure pendant deux heures et trente-cinq minutes. Super, dans deux heures et demie je serai au centre d'un pays nouveau. L'Europe est si petite, je ne peux pas le croire. Normal qu'elle veut devenir une union. Je veux tant voir la Manche. Je me souviens, en 2001 un Chinois traverse cette Manche à la nage pour que le gouvernement chinois gagne la fierté nationale. Mais quand il atteint la rive française, il n'a pas le visa pour rentrer. Bien sûr qu'il n'a pas le visa parce qu'il est presque nu. En Chine, nous pensons tous que les Français ne comprennent pas l'héroïsme. Le héros n'a pas besoin de visa. Même le héros du tiers-monde. Le président Mao a souvent traversé le Yangzi Jiang, le plus grand fleuve chinois, dans son très vieil âge. Bien sûr, il est un héros.

Le train est rapide. Il y a encore des champs verts et des moutons blancs devant la fenêtre. Le micro annonce que cinq minutes après, nous serons dans le tunnel sous la Manche. Je meurs d'impatience. Cinq minutes après, je vois que nous sommes dans le noir complet, le noir foncé. J'ai cru que le tunnel est en verre, et qu'il est transparent pour voir l'eau de la mer bleue. En fait, il ne fait pas de différence avec le métro de Londres. Dans la longue obscurité, je me demande si les poissons autour sont bloqués par le tunnel et sont perdus dans la mer. Déçue, j'arrive à la sortie du tunnel noir et je suis sur le côté français.

Le musée d'Orsay, à Paris, un endroit qui expose beaucoup d'*impressionnistes*. I-m-p-r-e-s-s-i-o-n-n-i-s-t-e-s et i-m-p-r-e-s-s-i-o-n-n-i-s-m-e. Les deux plus longs mots que j'ai appris jusqu'au présent. Encore plus longs que c-o-m-m-u-n-i-s-t-e et c-o-m-m-u-n-i-s-m-e. Il y a plusieurs tableaux de Monet. Je regarde ces nénuphars obscurs, ce portail obscur et ce soleil du matin obscur. La couleur et le sujet dans ces tableaux sont comme quelqu'un qui regarde à travers une vitre sale. Surtout celui avec l'impression de lever de soleil, le lever de soleil sur la mer. Tout est flou. La vague, la mer, le soleil, le nuage sont tous flous. Même la couleur est floue.

La nuit dans un hôtel pas cher. Quarante-cinq euros petit déjeuner compris. La chambre est tellement petite, comme la chambre pour un des sept nains de *Blanche-Neige*, mais le balcon de style français est quand même plus intéressant que l'anglais. Je m'assois sur la vieille chaise à haut dossier et je pense que mille personnes mortes se sont assises sur cette chaise et ont passé leur temps d'hôtel à faire des choses étranges et ennuyeuses. J'allume la lampe de bureau et je t'écris une lettre. Mais mes yeux ne voient rien clair aujourd'hui. Je ne vois pas les traces de mon écriture. Le papier blanc est trop brillant, l'encre noire trop pâle pour lire. Quand je regarde dans le dictionnaire, chaque mot est flou. L'occultiste de Londres m'a dit que la puissance de ma vision myope grandit et devient pire. Il dit que je ne peux pas faire la chirurgie laser parce que mes cornées sont trop fines. Mon avenir est-il flou ?

Je regarde par la fenêtre. Je vois les nuages noirs au bas du ciel noir, et je vois les lumières douces dans la maison proche de cet hôtel, et l'ombre des arbres au bord des réverbères. Mais c'est tout, pas d'autres détails dans la rue.

Je me souviens qu'une fois tu m'as parlé d'un docteur des yeux américain qui a inventé la méthode Bates. Il a appris aux patients myopes à utiliser leurs yeux correctement. Il dit : gardez votre vision centrée. Quand vous regardez un objet, seulement une petite partie devrait être vue nette. Pour la raison que seulement le centre de la rétine a la bonne vision des détails. Le reste de la rétine est moins bien capable de remarquer les détails précis. Peut-être cela signifie que je n'utilise pas le centre de la rétine pour voir les choses correctement ? Que je vois le monde flou

comme Monet, Van Gogh et tous ces impressionnistes ?

Mais je veux voir toi seul au centre de la rétine,
et tout le reste flou. Qu'est-ce que je fais dans ce
continent trop peuplé, quand c'est toi seulement que
je veux voir ?

AMSTERDAM

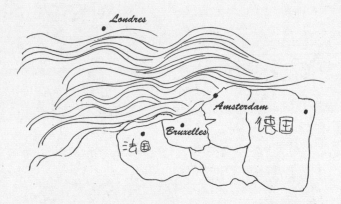

Je m'arrête à Amsterdam un seul jour. Je vais à
Berlin. Je ne sais pas pourquoi je n'ai pas envie
de rester. Je ne sais rien de la Hollande, et je ne
savais même pas que Hollande, Pays-Bas, Néerlandais sont le même endroit. Pourquoi un pays a-t-il
autant de noms différents ? Avant, je pensais que
ces trois s'étendaient dans plusieurs endroits de
l'Europe.

Il y a deux choses que je sais à propos de la
Hollande : première chose, le Néerlandais commu-

niste Joris Ivens a fait un film appelé *Les 400 Millions*, sur les Chinois et l'invasion japonaise, deuxième chose, toutes les tulipes en Chine sont fabriquées en Hollande. À propos de Joris Ivens, j'ai vu une caméra exposée dans le musée de la Révolution à Pékin. C'est la caméra qu'il a donnée à l'armée communiste dans la fin des années trente. Peut-être c'est pourquoi les communistes chinois ont commencé à faire des films après.

Gare centrale d'Amsterdam. Un endroit très grand. Un endroit pour les arrêts temporaires et les passants.

Tant de gens ici, mais aucune personne ne reste plus d'une heure.

Du quai 15 à 1, je ne trouve pas d'endroit pour reposer mes fesses. Non, il n'y a pas une seule chaise ou banc dans cette gare centrale. Les passagers tiennent leur pizza à la main et mangent debout. Les passagers boivent du café dans des tasses de carton debout. Un homme, avec une valise énorme et un gros sac au dos, parle au téléphone portable dans une langue étrange. Une langue sans ressemblance avec toutes les autres langues que j'entends dans ma vie. Il parle sans cesse au téléphone et son visage est triste. Il parle au téléphone très longtemps. Il semble que sa vie est aspirée par les télé-ondes et disparaît dans la zone téléphonique. Cette zone téléphonique mystérieuse n'a pas de chaise non plus.

Le train de Berlin partira à 20 h 15. Cinq heures d'attendre. Je décide d'aller promener.

Au-dehors de la gare il y a beaucoup d'eau. Les habitations ressemblent les maisons de poupées.

Devant une maison, je rencontre un homme qui boit du café sur les marches. Je m'arrête pour la regarder, parce que j'ai vu des feuilles connues au parfum spécial. Des glycines touffues qui grimpent un grand arbre. Elles poussaient partout derrière notre habitation dans ma ville natale. Et elle pousse aussi dans ton jardin anglais. Je pose mon lourd sac au dos et j'essaie de me reposer.

L'homme sur les marches me regarde et demande en anglais : « Est-ce que vous voulez un café avant de repartir ?

— Oh. Si vous n'avez pas d'inconvénient à faire un café. »

Il sourit. « Aucun inconvénient. Je viens d'en faire une pleine cafetière. Je vais vous en chercher une tasse. »

Il entre dans la maison. Elle est assez sombre dedans.

Nous nous asseyons sur les marches et buvons un café très amer sans lait. Je n'ose pas lui demander, parce que peut-être le Néerlandais ne boit pas le lait.

« Je m'appelle Peter. Et vous ?

— Zhuang Xiao Qiao… Mais appelez-moi Z si vous voulez.

— Z ? il dit en riant. C'est bizarre. »

À Londres, on m'apprend que si quelqu'un dit une chose « bizarre », il signifie qu'il ne l'aime pas. Alors je ne réponds pas.

Puis il me demande :

« Vous êtes japonaise, philippine ? Ou peut-être vietnamienne ? Thaïlandaise ? »

Moi, un peu irritée : « Pourquoi est-ce que je ne peux pas être chinoise ?

— Ah, vous êtes chinoise ? » il dit et me regarde d'un air expert.

Son sourire te ressemble. Un peu différent. Il porte un blouson en cuir noir.

« Vous aimez les plantes ? il me demande parce que mes yeux sont toujours sur les glycines.

« Oui, j'aime ces plantes grimpantes, les glycines. Elles sont d'origine chinoise.

— Ah oui ? Je l'ignorais. »

Maintenant il regarde aussi la plante.

« Mon père m'a dit que les glycines vivent très vieilles. Certaines survivent cinquante ans. Elles grimpent les arbres et peuvent les tuer.

— Vous vous y connaissez, en plantes... Racontez-moi, pourquoi voyagez-vous autour du monde ? il demande en se tournant vers moi.

— Je ne sais pas.

— Vous êtes loin de la Chine. Vous voyagez seule ? »

Je hoche ma tête. Je ne sais pas quoi dire.

Les gens dans la rue sont pressés avec leurs sacs, ils doivent dépêcher de rejoindre leur famille pour dîner. Les gens vivent les mêmes partout.

« Et vous allez à la gare maintenant ?

— Oui.

— Pour aller où ?

— Berlin.

— Berlin. Une belle ville. Vous connaissez ?

— Non.

— Vous verrez, c'est très sympa. »

Mais je ne veux rien savoir de Berlin, je pense seulement à mon foyer. Alors je demande : « Vous habitez dans cette maison ? C'est chez vous ?

— J'y habite, mais elle ne m'appartient pas. Je la loue.

— Je peux vous demander ce que vous faites ici ?

— Moi ? Je reviens d'un autre pays. Cuba. J'y ai passé dix ans. »

Cuba ? Pourquoi Cuba ? Pourquoi un Néerlandais vit là dix ans ? Est-ce qu'il est communiste comme Joris Ivens ?

Je le regarde plutôt que regarder les gens dans la rue.

Ses yeux croisent mes yeux.

Je regarde chez lui. C'est une belle vieille maison.

« Vous ne voulez pas changer votre billet ? Vous pourriez passer quelque temps chez moi avant de repartir. » Il me regarde sincèrement. Il est très sérieux je pense.

Je secoue ma tête. Je pose ma tasse de café vide sur la marche de pierre. Je regarde mon sac au dos devant moi. Je me lève pour partir. Mais soudain mes larmes sortent inattendues.

L'homme est surpris. Il ne sait pas dire quoi. Il me tend sa main. Je serre sa main, fort. Je ne le connais pas, je ne le connais pas, je me répète.

Maintenant la grande horloge sur le quai affiche 20 h 08. Il reste sept minutes. Le ciel est rose dehors. J'attends et me sens seule. Je n'ai plus le temps d'aller au centre-ville.

Une grande gare est un endroit déprimant. Elle est plus grande que toutes les gares de Londres. Waterloo, King Cross sont très normales à côté de celle-ci. Voyager seule me rend triste quand je vois tous ces couples qui tiennent les mains et attendent patiemment. Une poussière qui vole, c'est ainsi que Dieu doit voir le petit humain qui dérive sur la terre.

Je me sens difficile sans toi. Handicapée du langage. J'ai tant de problèmes pour comprendre ce monde autour de moi. J'ai besoin de toi.

Je tiens le billet de Berlin sans avoir envie d'aller.

Il n'y a personne que je peux rencontrer et il n'y a rien que je connais en Allemagne. Je veux rentrer à Londres, rentrer à mon amour.

Le foyer est tout. Le foyer n'est pas le sexe, mais le sexe est là aussi. Le foyer n'est pas un repas délicieux, mais le repas est là aussi. Le foyer n'est pas une chambre allumée, mais la chambre est là aussi. Le foyer n'est pas un bain chaud l'hiver, mais le bain est là aussi.

Le parleur sur le quai annonce quelque chose d'une voix forte. Il est 20 h 09. Le train partira dans six minutes. Je regarde autour et je vais monter dans le train. Soudain, quelqu'un court vers moi. C'est lui. L'homme qui m'a donné du café sur ses marches. Il court sur le quai et il court vers moi. Je monte dans le wagon pour poser mes sacs et redescends. Il s'arrête devant moi, essoufflé. Nous nous regardons. Je le serre fort et il me serre fort. Je plonge ma tête dans ses bras. Je vois que mes larmes mouillent son blouson de cuir noir. L'odeur du blouson de cuir est étrange, mais quand même familière.

Je pleure : « Je ne veux pas partir... Je me sens si seule. »

Il me serre encore plus fort.

« Tu n'es pas obligée de partir.

— Mais je dois. »

La sonnerie appelle. Le train bouge. Lorsque le dos de l'homme disparaît sur le quai, je sèche mes larmes. C'est très étrange. Je ne sais pas ce qui est passé, mais une chose est passée. Maintenant c'est fini. C'est fini. Je quitte Amsterdam. Il n'y a pas de retour possible. Je sais que dans mon voyage, je vais ramasser les briques pour construire ma vie. Il faut que je suis forte, c'est tout. Finis les pleurs de bébé. J'ouvre les fenêtres et je m'assois.

BERLIN

« La Chine est presque aussi grande que l'Europe tout entière », mon professeur dit à l'école moyenne. Il a dessiné une carte de la Chine au tableau, un coq, avec deux pieds. Un pied est Taïwan, l'autre pied est Hainan. Puis il a dessiné une carte de l'Union soviétique au-dessus de la Chine. Il dit : « Seules l'Union soviétique et l'Amérique sont plus grandes que la Chine. Mais la Chine a la plus importante population du monde. »

Je pense souvent à ce qu'il a dit, je pense qu'à l'école nous étions très fiers d'être chinois.

Il semble que je ne peux plus arrêter de rencontrer des nouvelles personnes. Quand j'étais à Londres, je ne connais que toi, et je ne parle qu'à toi. Après quand j'ai quitté Londres pour Paris, j'avais encore la vieille habitude et je n'ai même pas parlé à un chien. Les Anglais disent que les Français sont arrogants et n'aiment pas parler anglais. Donc je n'essaie pas de parler en France. C'était bien pour moi. Je n'avais même pas besoin de me rappeler comment parler chinois. Après Paris, j'ai assez des musées. Plus de personnes mortes.

En face de moi, un jeune homme en manteau noir et écharpe rouge. Il lit le journal. Un journal en langue étrangère, bien sûr. Et je ne connais pas du tout l'écriture de cette langue.

Le jeune homme en manteau noir et écharpe rouge lit le journal et donne à ma présence un regard rapide puis revient à son journal. Mais très vite, il arrête de lire et admire la vue à la fenêtre. Je regarde la fenêtre aussi. Il n'y a pas de vue. Seulement la nuit noire, la nuit sur les champs sans nom. La fenêtre reflète mon visage, et mon visage observe son visage.

Il y a lui et moi seulement dans le petit compartiment.

« Berlin ? il demande.

— Oui, Berlin. »

Nous commençons à parler, lentement, petit à petit, ici et là. Son accent quand il parle anglais n'est pas facile de comprendre.

« Je m'appelle Klaus.

— O.K. Klaus. »

Il attend, puis demande : « Et vous, vous vous appelez comment ?

— C'est difficile de prononcer.

— D'accord. » Il me regarde sérieusement.

« Je suis de Chine, d'origine », je dis, car je pense que je dois expliquer avant qu'il demande.

— D'origine ? il répète.

— Oui, j'ai habité à Londres depuis plusieurs mois.

— Je vois. Je viens d'Allemagne de l'Est. » Il s'arrête. « Vous parlez très bien l'anglais. »

Très bien ? Vraiment ? Mais il ne sait pas que j'ai étudié l'anglais comme une folle tous les jours, et même maintenant, en voyage.

Donc, dans le train, cette nouvelle personne, Klaus. Il est un étranger pour moi. Le train semble un endroit de décor pour les films et les romans. Et je sens que cet homme et moi nous voulons parler, parler de n'importe quoi.

Il dit qu'il est né à Berlin, à l'Est. Il dit qu'il connaît tout Berlin-Est, chaque coin, chaque rue. Il a de la chance, le train le ramène dans son foyer, à son amour.

Le train de nuit avance lentement. Ce n'est vraiment pas un train rapide. Seulement des passagers sans importance peuvent prendre ce train, ou des vacanciers.

Nous sommes allongés face à face sur les couchettes. Une position étrange, lui et moi allongés là. Nous parlons encore de Berlin.

Il dit qu'il fait un stage au service diplomatique à Berlin. Avant, il était juriste. Il voulait changer ce métier et vivre à l'étranger. Il dit qu'il avait pendant huit ans une amie qui habite en B-a-v-i-è-r-e. (B-a-v-i-è-r-e, il m'épelle lentement.) Il explique que c'est dans le sud de l'Allemagne, mais bien sûr je n'ai pas l'idée de l'endroit où est cette B-a-v-i-è-r-e. Il me dit qu'un jour son amie est venue frapper à sa porte à Berlin. Elle a dit qu'elle a voulu terminer cette relation. Alors il a terminé dans la douleur, comme elle a voulu. Et il a décidé de changer sa vie et de travailler dans d'autres pays. Je comprends l'histoire de Klaus, je comprends ce sentiment de vouloir être loin du passé. Je lui dis que je comprends.

Aussi je lui parle de toi, l'homme que j'aime tant, et l'homme qui fait des sculptures à Londres. Je lui dis ce que je ressens de toi – et aussi que tu veux que je voyage seule.

Nous parlons, et parfois il n'y a pas de mot, nous écoutons juste.

Enfin, le soleil se lève par la fenêtre.

« Nous arrivons », dit Klaus.

Zut, Berlin a des couleurs lourdes, de grands bâtiments carrés, comme Pékin.

« Vous comptez dormir où ? il me demande.

— Je ne sais pas. Peut-être à l'auberge de jeunesse YMCA, parce que je peux avoir une réduction avec ma carte de train européen, je lui dis en montrant ma carte.

« — Je peux vous emmener à l'YMCA à côté de chez moi, si vous voulez.

— C'est très aimable. S'il vous plaît. Je ne connais nulle part.

— Pas de problème. » Il descend ses bagages rangés sur nos têtes.

Je prends mon sac au dos et je le suis comme une aveugle.

L'air du matin tôt est froid, il sent l'automne. Parfois, un ou deux hommes âgés en manteaux longs marchent sans but dans la rue, avec les cigarettes dans leurs lèvres. Sous l'autoroute, il y a un pont. À côté du pont, il y a un vendeur de saucisses. Des hommes gros nombreux font la queue pour avoir des saucisses chaudes. Vraiment, ils mangent des saucisses maintenant ? C'est encore pire que le petit déjeuner anglais. Le vent du matin lave mon cerveau et mon petit corps. Berlin est une ville qui a une chose lourde et grave dans son âme. C'est une ville qui a eu de grandes guerres dans son histoire. Et c'est une ville faite pour les hommes, la politique et la discipline. Comme Pékin.

Alors je vois le drapeau flotter en haut d'un énorme bâtiment sur une grande place. Trois barres : noir, rouge et jaune.

Je demande à Klaus : « C'est le drapeau de ton pays ? »

Il est surpris : « Tu ne connais vraiment rien à la politique ? »

J'avoue : « Non, je suis désolée. Je n'ai jamais connu le drapeau. Trop de drapeaux, je confonds tous. »

Il rit : « Mais tu es chinoise. Tout est politique en Chine. »

Peut-être il a raison. Cet homme doit connaître le monde.

« Donc c'est le drapeau allemand ?

— Oui. »

Je regarde le drapeau, regarde ses barres noire, rouge, jaune.

« Pourquoi la barre noire est en haut du drapeau ? Elle semble très dangereuse. »

Il rit encore, puis s'arrête. Il lève sa tête et regarde le drapeau aussi. Peut-être, il pense que je ne suis pas tant stupide.

La barre noire du drapeau puissante et lourde flotte au sommet. J'ai un peu peur. Dans une conception raisonnable, la barre noire doit être en bas, sinon… cela peut porter malchance. Cela peut porter malchance à tout le pays.

Si je me souviens bien, il y a un autre pays qui a une barre noire sur le drapeau national et qui est l'Afghanistan. Mais même l'Afghanistan met la barre en bas et pas en haut.

Je regarde le soleil à travers le drapeau, et le drapeau semble comme une tache noire sur le soleil.

Nous sortons de la gare Alexanderplatz et nous dirigeons vers Berlin-Est. Je suis Klaus comme l'aveugle suit la canne. Il est 7 heures le matin. Nous arrivons devant l'hôtel YMCA. La porte n'est pas encore ouverte. Nous sonnons. Un homme vient avec ses yeux pesants de sommeil et nous dit qu'il n'y a pas de place avant l'après-midi.

Alors nous quittons l'YMCA avec nos bagages. Au milieu de la rue, Klaus dit que je peux venir dans son appartement si je veux. Il est tout proche.

« D'accord », je réponds.

L'appartement de Klaus est très bien ordonné. Murs blancs vides, lit deux places avec literie de couleur bleue, sol en bois sans tapis, salle de bains à carrelage blanc, petite cuisine bien rangée très complète, table d'écriture et chaise en cuir, armoire en bois et bibliothèque. C'est tout.

Pas de maquillage ou de parfum de femme dans la salle de bains. Aucun signe de femme partout.

Il fait du café dans sa petite cuisine. Pas de lait, il dit quand il ouvre le frigo. Nous buvons le café et il met du sucre. Je ne veux pas de sucre. Je vois qu'il y a seulement un morceau de beurre triste et deux œufs ennuyeux dans son frigo. Il dit qu'il quittera l'Allemagne l'an prochain et commencera son travail diplomatique. Il prend un stylo et écrit l'adresse de l'appartement et de la station de métro la plus proche. Et il me le donne. Ne te perds pas, il me dit.

Puis il ouvre l'armoire et change ses hauts. Il a au moins vingt couleurs de chemises et dix cravates différentes accrochées. Elles semblent toutes repassées correctement par quelqu'un. Qui a repassé ses vêtements ? Il met un costume couleur gris argent et une cravate rouge foncé.

« Tu n'as qu'à laisser tes bagages ici, ce sera plus pratique si tu veux visiter la ville. Je serai de retour en fin d'après-midi. »

Alors je dis oui, oui, oui à lui, à Klaus. Il semble un homme gentil, sans danger, seulement chaleureux. Je peux lui faire confiance. Nous allons à l'arrêt de bus qui va à son travail. Plusieurs hommes et femmes de bureau en costume avec des sacs en cuir noirs attendent aussi. Puis le bus vient immédiatement. Il m'embrasse sur la joue et me dit à ce soir à la maison. C'est naturel, comme à la télé occidentale, un mari dit au revoir à sa femme tous les matins quand il part au travail. Je le vois disparaître avec le bus. Et j'ai un étrange sentiment envers lui.

Maintenant je suis seule et je marche à travers la ville de Berlin. Je me sens vraiment nue. Je ne m'intéresse à rien dans cette ville. Je n'ai ni amour ni haine ni rien envers cette ville.

Qu'est-ce que je devrais savoir de l'Allemagne ? Le Mur ? Le socialisme ? La Seconde Guerre mondiale ? Le fasciste ? Pourquoi ils détestaient les Juifs ? Pourquoi Auschwitz ne se trouve pas dans leur pays ? Le livre d'histoire à l'école chinoise nous parle un peu de l'Allemagne, mais c'est très compliqué.

Je sais seulement qu'ils ont des saucisses, différents parfums de saucisses qu'ils vendent sous le pont. Et les gens mangent les saucisses avec une baguette en bois dans la rue. Je me souviens ce matin un homme à l'air très noble devant le stand, qui mangeait une saucisse trempée de sauce tomate avec ses dossiers de bureau sous le bras. C'est mon idée de Berlin.

Elle me rappelle tant Pékin. La ville est de forme carrée. Longues rues alignées, angle à droite, angle à gauche, pas de vagabondage. Et encore des grands pâtés d'immeubles carrés. Il faut sûrement un dictateur comme le président Mao pour construire une ville pareille. Mais bien sûr, cette ville semble beaucoup plus vieille que Pékin. Les grands immeubles de Pékin viennent des quinze derniers ans, ou plutôt je devrais dire : quinze derniers jours. La plupart des arbres dans les rues de Pékin sont des arbres nouveaux, qui sont plantés il n'y a pas plus de cinq ans. L'histoire à Pékin n'existe plus, il n'y a que la Cité interdite vide pour les touristes qui prennent des photos.

Je passe encore devant le stand des saucisses sous le pont. La nourriture fume. Elle sent bon. Elle me séduit et je veux des saucisses moi aussi. Je donne trois euros au vendeur et il me tend gentiment un grand paquet de saucisse chaude, avec de la moutarde verte et la sauce rouge à côté. Elle ressemble un morceau de merde exactement. Mais elle est bonne.

Mon corps est à Berlin, mais mon cœur a resté à Londres, resté pour toi. Je ne me sens pas entière. Tout ce que je veux c'est trouver un café Internet et écrire des e-mails. Je n'arrête pas de penser à toi.

Tu m'as écrit de Londres ce matin, ou peut-être tu m'as écrit hier :

« Bien que nos corps soient séparés, j'ai encore l'impression d'être avec toi. »

Je te réponds immédiatement. Je dis que la route est trop solitaire sans toi, je ne vois pas d'intérêt.

Mais tu me réponds :

« Ici, nous sommes habitués à la solitude. Je pense que ça te fera du bien de connaître la solitude, de découvrir des choses par toi-même. Tu verras, tu apprendras petit à petit à apprécier cette solitude. Bientôt, elle ne t'effraiera plus autant. »

Je relis plusieurs fois ce mail sans savoir ce que tu signifies exactement.

Dans un autre café au bord de la grande rue, je m'assois pour lire quelques pages d'*Intimité* et j'espère qu'il va me faire sentir proche de toi. Le *cheese-cake* que j'ai mangé colle sur la couverture du livre. C'est un livre très déprimé, je ne comprends pas pourquoi tu veux que je le lis. C'est l'histoire d'un homme qui quitte sa femme et ses enfants. Il veut abandonner sa vie de famille. C'est ça pour toi de vivre avec moi ? C'est ta raison de m'envoyer sur le continent pour découvrir ma solitude ? Je suis malcontente. Je pose le livre et regarde la pièce autour.

C'est un café moderne. Les chaises et tables de couleurs rouge et noir ont des formes géométriques. Il y a trop de design ici, qu'on se sent presque mal à l'aise. Je pense que tu apparais soudain devant moi, tu me déshabilles et me serre fort. Je veux faire l'amour avec toi, faire l'amour avec toi maintenant, ici. Faire l'amour, aucune autre chose ne peut enlever cette solitude. Aucune autre chose ne peut toucher l'âme. Je veux que tu me serres douloureusement. J'ai mal que tu presses mon corps ainsi, mais en même temps je me sens satisfaite. C'est étrange. Le plaisir était parfois tellement douloureux.

Je me promène au hasard toute la journée. Dans le grand centre commercial, je regarde les gens.

Dans le parc endormi, je regarde les gens. Dans la halle aux viandes, je regarde les gens. Beaucoup de cuir ici sur les vêtements. Même à Starbucks, les canapés sont en cuir. Comment peut-on produire tellement de cuir dans ce pays ? Une longue journée de cuir. Je m'assois, je marche, je rêve. Enfin le soir vient. Je retourne chez Klaus. Oui, sans me tromper, la rue exacte, l'immeuble exact, la porte exacte. Parce que tu m'as donné cette carte de Berlin à Londres. Je me demande quand tu voyageais à Berlin et où tu dormais. Ta vie autrefois est vingt ans d'avance sur moi. Pas étonnant que tu as tant d'histoires, tant de secrets.

Je sonne, personne ne vient. Je sonne encore plusieurs fois. Puis la porte ouvre. Klaus semble très mal. Son corps s'appuie contre la porte et ses genoux touchent presque le sol. Il tombe devant moi.

Sa fièvre est haute. Il vomit souvent. Il a la diarrhée. Il crache quand il sort de la salle de bains. Il est très malade. Il vomit même sur le lit avant de courir aux toilettes.

J'ai très peur. Que se passe-t-il ? Est-ce qu'il a mangé quelque chose de mal ? Est-ce qu'il va mourir ? Même si je connais cet homme seulement neuf heures dans le train de nuit, j'ai une petite responsabilité envers sa vie maintenant. Mais je fais quoi ?

Je m'assois sur le lit et lui donne un verre d'eau du robinet. Il boit, mais va cracher tout de suite à la salle de bains. Il s'allonge sur le lit encore et s'excuse. Je tiens sa main. Je m'allonge à côté de lui et je sens son corps qui brûle. Il court aux toilettes encore. Il arrête de vomir quand il ne peut plus rien sortir de son ventre.

« Donne-moi un papier et un crayon », il dit.

Je trouve le papier et crayon sur sa table.

« S'il te plaît, est-ce que tu peux sortir m'acheter cette eau, avec une étoile rouge et un lion sur l'étiquette ? » Il écrit le nom de l'eau :

Gerolsteiner

Stille

Quelle

Je ne crois pas mes yeux. L'allemand est incroyable. Comment l'eau peut avoir un nom tellement compliqué ?

Je retourne avec quatre grandes bouteilles d'eau en plastique. Il boit. Gerolsteiner Stille Quelle. Lentement. Puis il se rallonge sur le lit, presque dormant. Je retourne dans la salle de bains chercher une serviette humide, la plie, la pose sur sa tête.

Il est très tard et j'ai faim. L'homme couché respire difficilement. J'ouvre le frigo et décide de cuire les deux œufs. Je trouve la casserole, la remplis d'eau, allume le gaz, cuis les œufs… Tu vois, je peux faire quelque chose dans cette cuisine allemande, même si c'est bizarre de faire à manger chez un inconnu. Il y a des sachets de thé aussi, alors je fais du thé. Je mets des sucres cette fois, car je suis affamée.

Quand j'ai mangé les deux œufs avec du sel, je retourne à son lit. Je sens que sa température est montée encore. Je me lève pour téléphoner. Mais je ne sais pas quel numéro je dois appeler. 999 ? 221 ? 123 ? Le système de Berlin est comme le système de Londres ou de Chine ? Je laisse tomber le téléphone et je retrouve Klaus. J'enlève la serviette mouillée de sueur et la lave au robinet. Je pense qu'il était très propre, comme son appartement de célibataire, et que soudain il est un désordre total. Je ne comprends pas les Allemands. J'éteins la lumière et je m'allonge à côté de cet homme.

Je me sens très fatiguée de marcher à Berlin toute la journée. Je tire un morceau de sa couette pour couvrir mon corps. Je tombe bientôt dans mes rêves.

Sa chaleur me réveille. Il est très brûlant. Il transpire. Tout sur le lit est mouillé et collant. Il dit une chose que je ne comprends pas bien, puis :

« De l'eau, s'il vous plaît… »

Sa respiration est forte, difficile, comme s'il court la fin du marathon.

Il dit encore : « J'ai très, très froid. »

Je trouve une autre couette dans son armoire. Mais maintenant j'ai trop chaud sous ces deux couettes. J'enlève tous mes vêtements, je garde seulement ma culotte. Et je retourne dans le lit. Sous deux couches de couettes, il me serre dans ses bras, mais il tremble toujours. Je le laisse me serrer. Je vois mon soutien-gorge motif léopard sur le sol et je me sens étrange.

Son visage tourne vers moi et il murmure des mots très flous :

« Reste avec moi... »

Je l'entends. Et je n'ai plus sommeil. Il est allongé à côté de moi plein de fièvre. Je le serre. Il s'accroche à mon corps nu.

Nous dormons comme cela, très proches, jusqu'au demain matin...

Le deuxième jour, il va mieux, mais il est trop faible pour sortir. Je nettoie la salle de bains, tire la chasse et enlève les mouchoirs en papier sur la table de chevet. Il a bu trois bouteilles d'eau depuis la nuit, et maintenant il ne reste qu'une bouteille. Je fais du thé et je mets des sucres dans sa tasse. Mon sac au dos est toujours par terre, sans être ouvert encore.

« Tu sais que cette nuit tu m'as parlé ? » Je veux lui rappeler, savoir.

« Je ne me souviens pas de grand-chose. Je délirais. Je dois avoir une sale tête, il dit un peu gêné.

— Donc tu ne te souviens rien de la nuit ? je demande, un peu déçue.

— Je me souviens que je t'ai demandé d'aller acheter de l'eau. Et que tu t'es occupée de moi. Merci beaucoup. J'ai cru que j'allais mourir.

— Il n'y a pas de problème. J'ai eu un peu peur quand même. »

Il boit son thé, lentement. Je ne sais pas quoi faire maintenant. Partir ? Rester ? Je crois que j'ai envie de rester avec cet homme.

« Tu crois que je devrais passer un peu plus de temps à Berlin ? » je lui demande. Zut, pourquoi je demande comme ça ? Je me déteste.

« Ma foi, je n'en sais rien, c'est à toi de voir. En tout cas, merci beaucoup pour tout ce que tu as fait, d'autant plus qu'on ne se connaît pour ainsi dire pas. Mais il faut que j'aille au bureau cet après-midi… »

Il semble distant de moi après la nuit dernière.

« Est-ce que tu penses venir à Londres un jour ? » Je me déteste toujours de demander.

« Je n'en sais rien, il dit imprécisément.

— Et en Chine ?

— C'est peu probable… » Il rit.

Je n'ai plus de raison de rester ici, dans cet appartement de célibataire, et même de rester dans la ville de Berlin. Je vais quitter Berlin maintenant, immédiatement.

Je t'envoie une carte postale :

Mon amour,

Je quitte Berlin. J'ai vraiment envie de quelque part plus chaud. Je ne sais pas si j'aime voyager seule. Je vois les amoureux et les familles dans le train, ils voyagent ensemble pendant les vacances. Pour moi, ce sont pas des vacances, c'est comme un devoir de classe de toi à moi.

J'espère que tu es heureux.

Je t'embrasse,

ta Z.

241

C'est une carte postale du mur de Berlin. Il y a des dessins sales partout dessus. C'est moche.

Assise dans le bus qui va à la gare, je sens encore mon corps qui transpire la fièvre de Klaus, et je me demande : est-ce que je suis amoureuse de lui ? Je ne connais pas Klaus, l'homme de Berlin-Est, mais je me sens proche de lui. Tu vois, maintenant j'ai ma vie privée, et je ne sais pas si je te dis quand je rentre à Londres.

VENISE

J'arrive à Venise après des heures de dormir dans le train. Je sors de la gare, il y a des eaux partout, ou disons des rivières, ou mieux, des canaux. Je ne sais pas si ces eaux font partie de la mer. Mais il est minuit et très noir. Mauvaise heure. Cela veut dire que je dois payer une chambre d'hôtel tout de suite, et je ne sais même pas où je suis. J'espère que je peux chercher un café ouvert vingt-quatre heures pour tuer la nuit en attendant que le matin commence. Et je trouve un hôtel plus facilement demain.

Sur le mur de la gare Santa Lucia, il y a des affiches en italien et en anglais, et aussi en caractères qui semblent la langue indienne. L'anglais dit : « Festival de l'art et la culture asiatique de Venise. » Je remarque qu'il est cette semaine. C'est bien pour moi. Il y a plusieurs personnes qui sortent aussi de la gare et lisent le plan. Ils se disputent, probablement en italien ou français ou une autre langue européenne que je ne comprends pas.

Un homme du groupe vient à moi : « *Parla italiano ?* »

Je secoue la tête.

« Anglais ?

— Oui.

— Est-ce que vous savez où se trouve la fête ? il demande, l'air amical.

— Quelle fête ?

— Vous n'êtes pas ici pour le festival asiatique ? Il y a une fête ce soir. Nous y allons. J'espère qu'il n'est pas trop tard. »

L'homme a un accent difficile, mais il semble très intéressé par l'asiatique.

« Non, il ne sera pas trop tard, il sera trop tôt, un de ses amis dit.

— Venez, si vous avez envie. Nous vous ferons entrer. »

J'hésite. Est-ce que je vais ? Si je ne trouve pas de café vingt-quatre heures, c'est peut-être une solution.

« Peut-être je vais plus tard ? je réponds en enfilant mon lourd sac au dos.

— D'accord. Si vous décidez de nous rejoindre, dites seulement que vous connaissez Andrea Palmio, on vous laissera entrer. » Ses amis attendent derrière lui de partir. « Au fait, l'endroit s'appelle Pachuka, et il faut prendre le bateau pour le Lido... »

Il me donne un papier avec dessus le nom Pachuka. Puis ils disparaissent, et avec eux sa voix sincère.

Lido ? Je connais le Lido Holiday Inn Hotel. C'est l'hôtel très cher à Pékin et Shanghai. Seulement les étrangers vont là. Il y a même Starbucks dans ces hôtels chinois. Mais ici, est-ce que la fête est vraiment dans le Lido ? Est-ce que c'est aussi un hôtel chic ? Et pourquoi il faut prendre le bateau pour aller ? Déroutée par toutes ces pensées, je marche seule jusqu'au bord de l'eau, indécise. Peut-être que je devrais aller et prétendre que je suis une artiste illustre ? Les étrangers ne peuvent pas faire de différence dans un groupe de Chinois. Pour leurs yeux, nous sommes tous identiques. Je décide de demander à quelqu'un la route de ce Lido.

À bord du bateau de nuit, je me dirige vers l'autre côté de Venise. J'ai l'impression de vivre dans l'ancien temps de la Chine du Sud, quand les gens doivent se déplacer en bateau. Je regarde l'eau. Est-ce la mer ? Une vraie mer ? Je ne vois même pas sa couleur dans la nuit. Elle est très différente de la mer dans les photos ou les films. Elle est très différente de ce que tu m'as décrit. Je pense que personne ne veut nager dans cette eau. En plus, l'eau est toujours arrêtée par la ville. Comment une ville peut tenir ici sans couler ? J'ai pensé qu'une mer est illimitée. Je suis déçue. Je veux te raconter immédiatement ce que je ressens. Les Chinois disent toujours que la culture occidentale est une culture bleue et la culture chinoise est une culture jaune. C'est parce que l'Occident vient de la mer, et la Chine de la terre jaune.

Je ne comprends pas la mer.

Une heure plus tard, je me tiens devant Pachuka. Dehors, elle ressemble un grand restaurant ou une boîte de nuit. Des néons partout. Il y a deux hommes très gros en costume noir, ils arrêtent tout le monde devant la porte. Des Italiens élégants et des femmes à hauts talons entrent, avec leurs cartes d'invitation à la main. Il y a plusieurs femmes indiennes habillées en reines ou princesses qui entrent aussi dans la porte. Ce doit être un endroit super chic. Je suis contente d'être ici. Mais maintenant, j'ai oublié le nom de l'homme. Zut, pourquoi les noms occidentaux sont si difficiles de se rappeler ? Alors je traîne près de la porte avec mon sac au dos et j'essaie de me souvenir le nom de l'homme. Antonia ? Anthony ? Andrew ? Alexander ? Antonioni ? Lequel a le son plus proche ?

Je prends mon courage et je vais voir le portier : « Mon ami m'a demandé de venir ici. Il est dedans. »

L'homme répond en mauvais anglais malpoli : « Désolé. C'est une soirée privée.

— Je sais. Mais mon ami m'invite de venir et il est dans la fête, j'insiste.

— Comment s'appelle votre ami ?

— Antonia, Anthony, non, Andrew. Peut-être Antonioni… Je suis chinoise, vous savez. Je ne sais pas prononcer les noms de votre pays. » Je suis gênée.

« Que fait votre ami ?

— Il est… Il est manager des artistes. » J'ai juste ouvert ma bouche au hasard. Je ne sais pas du tout et je ne pense pas qu'il est manager des artistes.

Quand même, un des portiers me prend un peu sérieusement et va voir dedans pour demander à quelqu'un. Une minute après, il revient :

« Désolé, on ne peut pas vous laisser entrer.

— Mais il m'a invitée. Je dois rentrer ! » Il m'énerve.

« Désolé, *Signorina*, dit le portier désintéressé. On n'entre pas sans invitation. *Basta.* »

Une voiture chic arrive et trois personnes descendent avec des costumes étranges et des chaussures brillantes. Les videurs disent *Signorini* et les laissent entrer directement dans la porte. La musique sort bruyamment de la fête, et les rires. Personne ne veut me faire entrer ou même me regarder une seconde. Pourquoi je ne ressemble pas à une artiste asiatique ? Si seulement j'ai porté une jupe ou un costume chinois traditionnel démodé !

Je traîne devant le Pachuka comme un chien sauvage nocturne qui n'a pas d'endroit où aller. Alors je vois une très grande et très longue voiture arriver soudain. Merde, une Cadillac ! Huit personnes sortent. Oui, un, deux, trois, quatre, cinq, six, sept, huit jeunes femmes. Toutes blondes, aux longues chevelures dorées brillantes. Elles portent la même minijupe et haut argenté moulant qui ressemble un soutien-gorge. Les minijupes argentées sont trop courtes qu'on voit la moitié des fesses. Elles sont toutes extrêmement minces, très anatomiques et portent des longues bottes blanches à talons. Elles ressemblent aux filles girafes de la même mère girafe. Les talons hauts de ces sexy machines menées par une femme manager claquent sur le sol de sable : *cha, cha, cha...* Elles font la file et entrent dans la porte une par une. Les deux portiers fixent leurs yeux sur les corps de ces filles. Ils sont pétrifiés, incapables de bouger. Que font-elles dans cette « soirée privée » ? Un numéro de strip-tease ? Aucune ne sont asiatiques. Ou alors elles vont seulement boire du champagne avec les invités chic ?

Je reste devant la porte presque une heure en regardant tous ces invités fascinants. Puis je vois un taxi arriver. Et un homme sort du taxi. C'est lui, l'homme que j'ai rencontré deux heures avant ! Pourquoi il arrive si tard ? Est-ce que les hommes italiens sont toujours ainsi ?

« Antonia ! » je crie.

C'est peut-être le nom correct, parce qu'il ne me corrige pas, ou bien il n'a pas compris que j'ai appelé son nom.

Il vient me voir et s'excuse :

« Je suis confus. Mes amis ont changé d'avis. Ils ont préféré aller ailleurs. En fait, c'est mille fois mieux là-bas. Venez, je vous emmène. » Son accent est presque incompréhensible.

« D'accord. »

Je ne veux pas dire combien j'ai attendu ici long-temps. Ce ne serait pas sympa. Alors je monte dans son taxi après lui.

Dans le taxi, il est très près et je vois mieux son visage. Il semble un peu formel dans son costume sobre et ses chaussures en cuir noires fabriquées en Italie. Ses cheveux sont seulement quelques-uns au milieu de son crâne. Il semble sincère mais ennuyeux, si je peux juger comme ça.

« Alors, que faites-vous ?

— Je suis avocat, il répond.

— Un avocat ? » Je suis surprise d'entendre cela. « Comment un fruit peut être aussi un travail ? S'il vous plaît, expliquez-moi.

— Si on va vous mettre en prison, vous pouvez m'embaucher pour vous défendre.

— Ah, vous travaillez dans un tribunal ?

— Oui, si vous voulez. » Il semble content que je comprends.

« Et vous ? il demande.

— Je suis… une touriste. En fait, j'étudie l'anglais.

— À Venise ? » Ses intérêts sont éveillés.

« Non, non. J'étudie l'anglais en Angleterre.

— Oh. Vous parlez bien anglais.

— Merci. Mais que faites-vous dans le festival de la culture asiatique ?

— C'est à cause d'un de mes amis. Il est avocat lui aussi. Il donne des conseils légaux aux organi-sateurs. Alors il m'a dit : "Andrea, accompagne-moi."

— Je vois. »

Zut, encore un avocat. Au moins, maintenant je connais son vrai nom.

Le taxi s'arrête devant une discothèque. Derrière la discothèque, il y a la pleine mer. Elle semble un grand lac rempli d'encre noir. Je la vois dangereuse, car je pense qu'il est très facile de tomber dans ce lac noir.

C'est une discothèque publique, pas une « soirée privée ». Il est déjà 2 h 20, la nuit sans fin. La musique très forte. Du disco américain. Il est trop pour moi. Des nombreux adolescents dansent à l'intérieur. Je veux partir immédiatement. Mais Andrea tire mon bras sur la piste de danse, et je vois que ses amis sont tous là. Ils secouent les épaules et balancent les têtes. Alors nous dansons au milieu de la piste. Tout le monde marche sur mon sac au dos, et cette musique folle tape mon crâne à chaque seconde. Je ne peux pas danser ainsi, ce n'est pas ma culture. Mes mouvements doivent être très laids. C'est une bataille entre la musique violente et mon corps fragile. Andrea paraît content. Il semble apprécier la musique. Son style de danse est un peu sérieux, mais je suis sûre qu'il est meilleur que le mien.

Je m'ennuie. Les foules sont un grand ennui. Je pourrais dormir ici, debout comme un cheval.

« Ça va ? » Andrea danse vers moi. Sa danse est presque une marche lente.

« Je suis un peu fatiguée. Je crois que je veux retourner.

— Vraiment ? Où se trouve votre hôtel ?

— En fait, je ne l'ai pas encore.

— Ah bon ? Mais alors, vous allez dormir où ? »

Andrea est bavardeur, malgré la musique tellement forte.

« Je ne sais pas.

— Venez dormir à mon hôtel. Il y a deux lits
dans ma chambre.

— Vraiment ?

— Oui, il n'y a aucun problème. »

Le taxi nous met au milieu de nulle part. La banlieue profonde. Il y a un hôtel simple en face de
nous.

« Regardez, la mer est juste là. »

Je regarde où Andrea pointe le doigt, mais il n'y
a que l'obscurité encreuse.

« Vous voyez ? il demande.

— Ni plus ni moins. »

Il sonne à la porte. Je suis gênée. Il est déjà
4 h 30, et si les gens de l'hôtel voient qu'il apporte
une Chinoise, que vont-ils penser ?

Il sonne encore.

« Le veilleur de nuit, il est un peu sourd.

— Je vois », je dis pour le rassurer.

Enfin, un très vieil homme ouvre la porte. Il ne
prend même pas la peine de lever les yeux. Il dit :
Buona sera et retourne se coucher tout de suite.

La chambre d'Andrea est au rez-de-chaussée,
juste à côté de l'entrée. Je pense que demain matin
la réception me trouvera facilement et me couvrira
de honte.

Il ouvre la porte et allume la lumière. Alors il
crie quelque chose qui semble des jurons en italien.
Il est apeuré.

« Qu'est-ce qui se passe ? je demande.

— Il y a des bêtes, il crie.

— Où ? » Je ne vois rien.

— Ici ! Regardez par terre ! » Il montre des fourmis. Des grosses fourmis. Elles se promènent.

« Oh, des fourmis seulement », je le rassure encore. Je pose mes pieds sur les fourmis, je les écrase avec mes chaussures.

Andrea semble bouleversé en profondeur. Il court dans la salle de bains et prend du papier toilette. Il tue le reste des fourmis avec le papier et le jette dans les W.-C.

Il y a deux lits une place. Il n'a pas menti du tout. Je me déshabille, sauf mes sous-vêtements. Mon pyjama est au fond du sac au dos et je ne veux pas le défaire. Je me couvre hermétiquement pendant qu'il brosse les dents et tire la chasse dans les toilettes. Deux minutes après, il sort et regarde autour pendant plusieurs secondes. Il doit être surpris que je suis déjà sous la couverture. Alors il demande :

« Je peux éteindre ?

— Oui. À demain. »

Dans le noir, j'entends son ronflement venir rapidement. Un ronflement honnête. C'est évident. Je pense que c'est un homme de bon cœur, mais pas très intéressant. Ou peut-être, il est simplement normal. Je compte les heures avant le matin. Deux heures encore, il naîtra un matin ensoleillé, et je quitterai cette île Lido nulle pour retourner à Venise…

Je dors presque. Je pense au sexe, non, je rêve au sexe. Le sexe lesbien, moi et une femme qui a un visage inconnaissable. Elle m'embrasse peut-être, ou touche mes poitrines. Puis, je suis soudain réveillée. Je sens des lèvres appuyées sur mes lèvres. J'ouvre les yeux. Andrea m'embrasse. Il semble totalement ridicule dans la lumière pâle.

« Non. Retournez au lit », je lui dis. Je suis un peu dégoûtée.

« D'accord », il dit sagement et retourne se coucher.

Il est drôle. Il porte un short, mais toujours avec sa chemise blanche. Ses deux jambes nues sont maigres et poilues.

J'abandonne le sommeil. Je peux dormir quand je veux dans le train Inter-Rail illimité, alors pourquoi je perds mon temps ici à Lido ? Je me lève et m'habille. Je brosse mes dents et prends mes affaires. Très doucement, je ferme la porte derrière moi.

Le matin n'a jamais été aussi clair et frais. Le vent souffle ma peau jaune. Je me sens libre. Mon corps se sent entièrement libre. Je marche jusqu'au bord de l'eau. Des petits bateaux dansent dans l'eau. La mer est vraiment bleue. Un bleu pur comme un rêve. L'eau est un aimant qui attire mon corps. Je suis d'accord avec toi, la mer est très belle. Une fois tu m'as dit :

« Je suis triste quand je pense à ma vie.

— Pourquoi ?

— Tout semble vide et je n'en vois pas la fin.

— Mais tu veux quoi ?

— Je veux trouver le bonheur.

— Personne n'a le bonheur à tout instant. Parfois tu auras la tristesse. C'est normal. Tu n'es pas d'accord ?

« — Mais je ne vois pas de bonheur dans ma vie.

— Qu'est-ce qui semble plus le bonheur pour toi ?

— … la mer. »

C'était notre conversation un jour, dans notre maison à Londres. Aujourd'hui, c'est comme une répétition. Elle résonne au-dessus des vagues.

TAVIRA

Un train très lent et très vieux, *cling, cling, cling...* Il est tellement lent que j'ai vraiment l'impression d'être dans une machine à voyager le temps. Je sens les heures et les minutes se déplacer dans l'espace physiquement. C'est beaucoup plus intéressant que regarder une horloge.

Le train suit la côte sud du Portugal. Je ne suis pas restée à Madrid ni aucun endroit en Espagne, parce que j'ai perdu quatre-vingts euros quand le train s'est arrêté à Madrid. Peut-être ils sont volés. Après, je n'avais plus d'envie de rester dans une grande ville. Les villes sont toujours agressives. Maintenant, le train m'emmène patiemment à Tavira, une petite ville proche de l'océan Atlantique, avec partout des sables jaunes.

À la sortie de la gare, je vois des vieilles maisons résidentielles, délabrées sous le soleil chaud. Je vais vers un café, avec des tables et des chaises en plastique blanc dehors. Je m'assois. J'expire pour jeter le défraîchi et j'inspire le frais. Soudain, j'ai l'impression que tout ralentit et s'arrête. À l'ombre du soleil, deux vieux habitants à la peau très foncée sont assis sur les chaises. Ils fument, tranquilles dans le matin. Deux minuscules tasses de café attendent vides devant eux. Tout infuse très dense dans le jour naissant, même le soleil avec ses rayons passionnés. Ici, les gens ont un vrai soleil dans leur ciel, pas comme en Angleterre. Le soleil anglais est un faux soleil, un soleil de littérature.

L'autre côté du café est une épicerie. Elle vend des légumes et des fruits. Il y a une jeune femme devant qui semble une folle. Je veux dire vraiment folle. Elle n'arrête pas de parler à personne. Car il n'y a aucune personne ici, pas même un chien sauvage. Son rouge à lèvres est à vif, comme si elle vient de boire un verre de sang. Parfois, une voiture passe, et elle parle à la voiture. C'est bizarre, il semble qu'il y a toujours une folle dans toutes les petites villes du monde.

Une jeune fille marche dans la rue. Sûrement elle est une touriste. Elle porte un tee-shirt moulant couleur citron. Ses jeunes poitrines fringantes attirent les regards des vieux habitants. Tandis qu'elle disparaît au bout de la rue, les deux hommes retournent la tête et soufflent la fumée par leurs bouches. Cela doit être un plaisir pour eux de voir des jeunes poitrines actives sous un tee-shirt citron dans la rue matinale.

Le soleil est un couteau qui tranche la terre, une moitié du monde dans l'ombre, l'autre moitié éclairée. Comme dans un film noir et blanc. Tout est ralenti. Le ciel est bleu, bleu, bleu impitoyable. Dans les ruelles, les vieilles maisons sont silencieuses, avec des balcons en fer rouillés et des fenêtres en bois. Les maisons aspirent l'âme des gens. Je comprends comment un étranger croit qu'il va dans une ville étrangère pour une courte durée, puis un mois passe et trois mois, et il est toujours là. Et il passe le reste de sa vie à cet endroit. Il y a une étrange puissance qui oblige une personne à s'installer sur une terre inconnue, même si elle est très remuante. Je sens cette étrange puissance. Elle est le contraire de l'aventure, elle vient des habitudes de vie, de l'acceptation du monotone et du train quotidien.

Assise dans ce petit café avec les vieux habitants, je fonds dans le soleil. Mon corps se déforme et flotte sur l'air. Mon entière existence est aspirée par l'étrange puissance. C'est effrayant.

Je trouve une chambre au dernier étage de Residencia Mina. Un hôtel pas cher. La chambre est étroite, mais propre. Avec la lumière qui entre par la fenêtre du toit, la pièce est joyeuse. J'aime ce petit hôtel de style méditerranéen. Sur le balcon, je vois la rivière se tortiller vers la mer. Les sables sont jaune foncé, et les maisons colorées. Deux ou trois vieux habitants sont assis sur le pont et discutent. Les vieilles rues, les buissons verts, les oiseaux de mer… tous offerts au soleil. Je me sens très proche de la nature, de la face joyeuse de la nature.

Je grimpe les marches jusqu'au sommet de l'hôtel. C'est un vrai jardin tropical, plein de plantes en pot, avec les palmiers et les fleurs. La mer proche brille à l'horizon. Il y a plusieurs ferries. Ils transportent les gens à l'extrême de la plage. Il est le plein midi et le soleil de la fin de l'été brûle. J'enlève mon tee-shirt pour mettre mon corps nu. C'est tellement bon alors j'enlève tous mes vêtements. Mon âme danse. Si le bonheur est une histoire brève, alors je suis dans cet instant bref. Je me demande si parfois la tristesse d'un être humain n'est pas seulement le manque de soleil.

Je pense à toi, pendant que je suis nue, allongée dans le jardin du toit. Nous faisions souvent l'amour dans ton jardin, près du figuier. Je me souviens tous les détails quand nous faisions l'amour. Je me souviens que tu m'enlevais mes boucles d'oreilles avant que nous faisions l'amour. Je me souviens qu'elles étaient toujours emmêlées dans mes cheveux, très compliquées à enlever, mais tu essayais patiemment. C'est toi. C'est un détail de toi que je me souviendrai toujours.

Machinalement, je touche mes boucles d'oreilles, mais elles ne sont pas là maintenant. Je m'impatiente. Je sens les pointes de mes poitrines dures. Je veux être offerte et caressée à la lumière chaude du soleil. Je pense au livre que j'ai acheté à la gare quand j'étais fatiguée d'attendre.

Le plaisir des femmes
ou
Comment avoir un orgasme aussi souvent que vous le souhaitez

Question : « Comment puis-je améliorer mes compétences ? »

Il y a deux manières d'améliorer ses compétences :

1) En pratiquant plus souvent la masturbation.

2) En pratiquant la masturbation dans des situations diverses. Cette variété créera la polyvalence sexuelle indispensable pour que vous progressiez.

Vous trouverez dans cet ouvrage quinze exercices pour vous entraîner. Ces quinze exercices sont répartis en quatre leçons.

Leçon 1 : se masturber en privé
Leçon 2 : se masturber en semi-public
Leçon 3 : se masturber en public
Leçon 4 : Atteindre l'orgasme plus vite

Masturbation. Je n'ai jamais essayé avant. Personne d'Occidental ne croira que je n'ai jamais masturbé en tant que femme de vingt-quatre ans. Ou peut-être j'ai, mais je n'ai pas su que je masturbais. La sexualité dans ma vision signifie faire quelque chose avec un homme, pas avec moi-même. Avoir une relation sexuelle avec soi-même ressemble à parler avec soi-même : quelque chose un peu fou. Lorsque j'ai vu le peep-show de Soho, je ne m'ai pas sentie concernée. Avant, je croyais aussi qu'il n'y avait pas de sexe sans amour. Le sexe était une expression de l'amour. Mais je vois que j'ai changé. Maintenant, je suis torturée par le désir à l'intérieur de mon corps, et je ressens très fort que ce désir veut sa satisfaction.

« Tu devrais apprendre à jouer avec ton clitoris », tu m'as dit un jour sur le lit. Nous étions nus, et nous venions de finir l'amour.

Ta main a touché mon corps. « Si tu veux avoir un orgasme, tu devrais te caresser ici. »

Je me souviens cette conversation. Je n'ai jamais fait, parce que tu étais là toujours. Je n'avais pas besoin.

Sur le toit de Residencia Mina, le soleil pénètre ma peau à travers les arbres. Les feuilles froissent dans le vent léger. Je me caresse.

Le jus s'écoule de ma grotte, et mes doigts touchent mes lèvres cachées. Vont et viennent. Un besoin violent monte comme une vague puissante et inonde mon corps. Je ne vois que le ciel bleu. Bleu foncé, comme une mer infinie. Mon désir mouille les feuilles sèches sous ma peau.

Mon corps devient tremblant. Ma respiration difficile. Ma grotte veut dévorer quelque chose. Je veux crier. J'ai presque mal. J'ai envie de pleurer.

Et je crie.

Toute seule. Avec moi-même. Je l'ai fait. Cela semble un rêve.

Pour la première fois de ma vie, j'ai joui toute seule.

Je peux être seule. Je le peux. Je peux compter sur moi, sans dépendre d'un homme.

FARO

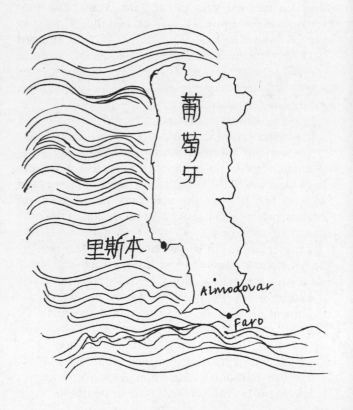

Le train de Faro à Lisbonne partira à 13 h 30. Il est midi maintenant. J'apprends que Faro est une station balnéaire. D'après le dictionnaire, la station balnéaire est très jolie, mais la réalité est contraire. Faro a beaucoup de béton. Presque laide. Qu'est-ce que je peux faire dans une petite station balnéaire pour tuer une heure et demie ?

Je marche autour de la gare avec mon sac au dos. La mer est près de la gare. Mais cette mer sent mauvais. Entre la mer et la ville, il y a un espace industriel. Pas de plage. Les rochers au bord de la rive sont sales, pollués. Ils sentent la pisse ou une chose désagréable. Mais des mouettes volutent quand même ici. J'ai de la peine pour ces mouettes. Je retourne dans la rue près de la gare. Les gens assis devant les cafés me regardent. Je sens leur curiosité de moi. Je parie qu'il n'y a pas beaucoup de Chinois qui viennent dans cette ville. Comment est-il de voir cette Chinoise à travers leurs yeux ? Sans compagnon avec elle, perdue dans la rue, ne sait pas quoi faire de sa vie... ou peut-être ils pensent seulement au restaurant chinois quand ils me voient.

Midi et demi, j'ai encore une heure avant de partir à Lisbonne. Je m'assois dehors d'un café, avec un petit expresso amer. Combien de tasses d'expresso les Portugais boivent par journée ? Comment se sent le corps quand il est plein de caféine, sucre, nicotine et Coca-Cola ? A-t-il trop de passion ? La vie sera-t-elle plus énergique ?

La tasse d'expresso est séchée. Je sors le *Lonely Planet* de Lisbonne avec mon *Petit dictionnaire*. L'homme à la table voisine boit sa deuxième tasse d'expresso. Je sens qu'il me regarde. Il allume une cigarette maintenant. Il regarde la rue, puis le ciel bleu, et moi encore. Maintenant il se lève et vient, s'assoit sur la chaise très proche de moi.

Il demande : « Vous comprenez ?

— Je comprends quoi ? »

Je ferme mon guide de voyage et regarde l'homme. Il semble une personne très physique, peut-être il fait des travaux inférieurs. Mais il parle bien l'anglais. Il est petit, la peau foncée, énergique, un corps solide et fort, un torse large, un visage impressionnant, des yeux bruns intensifs.

« Votre livre. Parce que vous n'arrêtez pas de regarder dans le dictionnaire. »

Sa bouche est bizarre. Il manque des dents.

« Vous savez, je suis étrangère, je dis, un peu gênée.

— Posez votre livre et profitez de la vue. Il faut regarder, pas lire un guide. » Il examine mes livres. Il y a le *Livre de l'intranquillité* de Fernando Pessoa posé en haut. « D'accord », je dis. Il est un habitant, c'est sûr. Je me demande s'il lit Fernando Pessoa. Il semble l'homme qui ne lit pas.

« Combien de jours comptez-vous passer à Faro ? il demande.

— Plus rien. J'ai juste venu ici pour prendre un train qui va à Lisbonne. Dans une heure. »

À cette nouvelle, il n'a pas de commentaire. Il n'est plus nécessaire de tisser des liens additionnels de son côté, je suppose.

« Est-ce que vous savez où est la vieille ville de Faro ? Vous croyez que j'ai le temps d'aller là-bas et revenir en une heure ? je demande.

— Ce n'est pas très loin. Si vous voulez, je vous y emmène.

— Vous n'avez rien d'autre à faire ?

— Pas aujourd'hui. Venez. » Il se lève et va payer l'addition. Je me lève aussi et range mes livres dans mon sac.

Je le suis et regarde son dos. Un dos très physique, masculin. Un peu petit. Une personne terrestre. Je me demande s'il travaille dans un restaurant ici, ou dans une usine de vin, ou peut-être il est marin, charpentier, chauffeur de tramway…

La vieille ville de Faro n'est rien de spécial, à part les vieux pavés glissants par terre. J'aime ces pavés, ils sont lisses, polis par les millions de pieds des personnes depuis des siècles. Ils ont des histoires à l'intérieur. Nous allons sur une vieille place. Cet homme veut entrer dans l'église. Mais l'église est fermée aujourd'hui. Les musées aussi. Les gens ici ne travaillent donc pas les après-midi ? Seulement une petite boutique de souvenirs a ouvert, et vend des cartes postales de Faro au XIXe siècle. Le soleil de la demi-journée est fort. Nous voulons acheter des Coca glacés à cette boutique de souvenirs. Il paie seulement le sien, je remarque. Bien sûr, c'est justifié pour lui.

Nous buvons les Coca glacés, marchons sur la place pavée déserte.

« Je vais vous montrer le bord de mer, et après, vous pourrez retourner à la gare. » Il marche à côté de moi.

« Je suis déjà allée, ce n'est pas magnifique. » Je veux être honnête.

« Faites-moi confiance, je connais un bel endroit.

— D'accord. »

Il prend mon lourd sac au dos et le porte sur ses épaules.

Nous marchons le long de la rive à côté des rails. Un marais est juste devant nous. Il est sale et boueux. Le marais reflète le soleil de midi. Il paraît mystérieux et dangereux. Il y a quelque chose très étrange entre l'homme et moi. Il est presque trop gentil, trop hasardeux, sans but dans sa vie quotidienne. En même temps, il est aussi sexuel. Je ne sais pas d'où vient exactement ce sentiment sexuel, peut-être de son apparence très physique. Ou peut-être le sentiment sexuel vient de moi, de ma solitude. Mon corps attend quelque chose, et quelque chose doit s'exprimer sous le soleil intensif.

Il prend ma main et je ne refuse pas du tout. Je ne sais pas pourquoi. Sa main tient ma main serrée et après une minute, nos paumes transpirent. Je sens quelque chose de fort dans son corps, mais je ne suis pas sûre que j'apprécie cette intimité. Nous marchons à côté comme deux amis de longue date. Je ne suis pas du tout amoureuse de lui et je ne suis pas sûre que je l'apprécie, mais quand même, je suis désireuse de lui. Étrange.

Peut-être les gens au Sud sont plus bavards que les autres. Ils doivent sortir toute cette énergie additionnelle que le soleil met dans leur corps. Maintenant il monologue :

« Je n'aime pas Faro, vous savez. Ce n'est pas aussi beau que d'autres endroits au Portugal. C'est plein d'Anglais. La nourriture est chère, et il n'y en a que pour les touristes. Alors, vous vous demandez ce que je fabrique ici ? Pourquoi je traîne là à rien faire ? Parce que j'ai perdu quatre dents il y a six ans. Quatre ! Vous voyez, là ? Un accident de moto. Un grave accident. Avant, j'avais trois motos, vous savez. Mais c'est fini, je les ai toutes vendues. Plus jamais je ne toucherai une moto. Que je meure si je touche encore à une moto. Ça fait six ans que j'attends que la Sécurité sociale s'occupe de mes dents. Six ans ! Vous vous rendez compte ? Quelle bande de salauds ! Tout est si lent dans ce pays ! De la paperasse, toujours de la paperasse. Enfin, c'est réglé. C'est pour ça que je suis ici. Pour refaire mes dents. Je travaillais en Allemagne. Regardez, vous voyez, ici ? Ces deux dents ? Ils enlèveront les deux dents de la mâchoire supérieure et j'aurai mes nouvelles dents, six, toutes neuves. »

Je regarde ses dents encore, avec mes yeux nouveaux. C'est vraiment impressionnant. Comment une personne peut rester avec la bouche vide ainsi ? Est-ce que sa langue a froid ?

« Mais pourquoi vous étiez en Allemagne ? je lui demande.

— Je travaillais. À Cologne. J'étais cuistot. Vous savez ce qu'est un cuistot, n'est-ce pas ? Je faisais à manger pour les gens. Cologne est une ville agréable, oui, les gens sont sympas. Je gagnais bien ma vie là-bas. Mais ici, l'économie est catastrophique. Heureusement qu'il fait beau, il n'y a que ça de bien au Portugal… »

Nos mains sont toujours ensemble. Nous nous arrêtons sous un palmier. Des boîtes de Coca vides, des sacs de chips vides autour de l'arbre. Il y a des rochers à nos pieds, mais couverts de petits poissons morts et algues sèches. Tellement pollué, l'odeur sent horrible. L'homme me pousse contre l'arbre et me serre, il embrasse mon cou. Puis, il embrasse mes oreilles. Ses lèvres brûlent. Et sa langue est forte, presque violente. Je ne le refuse pas. Peut-être je veux aussi. Puis il touche mes poitrines. Il appuie ses paumes sur le bas de mon ventre. Sa respiration devient forte et lourde. Je le serre aussi. Et je sens son cœur qui bat vite. Le soleil, la sueur, le vent salé, l'air puant, tous stimulent nos désirs.

Je dis : « Je pense que je veux avoir une relation sexuelle avec vous. »

L'homme prend ce que je dis. Et tout arrive rapidement et naturellement. Je trouve un rocher plat, j'enlève mon jean et je m'assois sur le rocher plat avec l'entre de mes jambes nu. Il s'agenouille et enfouit sa tête dans mes cuisses. C'est mouillé, tout est si mouillé, l'entre de mes jambes, sa langue, sa peau suée et mes sous-vêtements enlevés. C'est comme une grande marée, une grande marée qui emporte les gens sur la plage. Ses mains défont le bouton de son jean.

« Non, vous n'entrez pas dedans. S'il vous plaît, pas dedans. » Je ne sais pas comment dire ça. Et j'ai peur soudain de ce que nous faisons. « Non. Pas comme ça. Seulement vous sucez. S'il vous plaît, s'il vous plaît », je le supplie.

Je comprends que je ne veux pas qu'il entre dans mon corps. Non. Ça me dégoûte trop.

Mais il ne peux pas arrêter. Il enlève son sexe de son jean et le pousse dans mon corps, brutal, presque violent.

Je suis allongée sur le rocher. Je me sens excitée, mais aussi dégoûtante à la fois. Le soleil fait mal de tête. Je ne peux pas respirer. Je le méprise de ça. Alors il jouit. Il jouit comme un taureau. Il se retire, le sperme goutte sur les rochers en feu. Son visage est tout rouge.

Je ne ferai plus jamais confiance à cet homme, je me dis. Il n'y aura rien de plus entre lui et moi, jamais. Je sens une forte culpabilité, et le danger. Je me méprise.

Nous nous rhabillons. La sensation de saleté de mon corps est accablante. Elle colle sur ma peau, mes sous-vêtements, mon jean, mon tee-shirt blanc. Elle est sous ma peau. Et la mer paraît plus sale et polluée qu'avant. Des bouteilles en plastique vides enfoncées dans les sables. Des sacs en plastique noirs flottent sur l'eau écumeuse. Je veux partir d'ici, partir de lui, aussi vite que possible.

C'est l'heure du train. L'homme se tient derrière moi dans le café de la gare. Je veux acheter de l'eau, et je veux trouver un endroit comme les toilettes pour me laver. La saleté sur la peau me fait horreur, et l'odeur étrange de son corps me fait horreur. Ses vêtements sentent le parfum lourd. Je ne peux plus le supporter encore une seconde. Ça me fait vomir. Pendant que le train approche en vue, il dit soudain :

« Il est arrivé quelque chose de grave.

— Quoi ?

— Regarde. » Il tourne et montre la poche arrière de son jean. Il y a un trou en bas de la poche.

« Je viens de perdre cinquante euros. »

Il semble soucieux.

Je le regarde. Le vide et le vague couvrent son visage. Je pense à ce qu'il vient de dire. Il était à l'aise avant, ou disons il y a une demi-heure. Et soudain il est très faible. Lorsque je l'ai rencontré, j'ai cru qu'il était seulement un habitant normal qui buvait un expresso dans un café. J'ai pensé qu'il était simple et content, comme le temps portugais. Mais maintenant je ne sais plus.

« Je n'ai même pas de quoi m'acheter un ticket de bus pour rentrer », il dit. Sa main est toujours sur la poche trouée.

Le train arrive et la porte est ouverte.

Qu'est-ce que je devrais dire de ce trou ? Qu'est-ce que je devrais faire de ces étranges cinquante euros ? Non, ne commence pas à penser. Ne commence pas à parler. Abandonne ce sujet. Ne demande pas, ne dis rien de plus. Je prends mon sac au dos de ses épaules et je marche vers le quai sans hésiter.

« Au revoir », je dis avec un sourire froid.

Je monte dans le train. Ne te retourne pas. Ne te retourne pas maintenant. La porte est fermée derrière moi, ouf. C'est fini.

Je vais directement aux toilettes dans le train. Je décharge mon sac sur le sol des toilettes. J'enlève mes vêtements, mon jean, mon slip. Et j'ouvre le robinet. Je me lave complètement.

DUBLIN

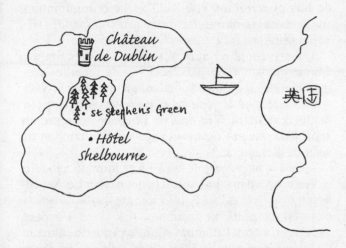

Dublin, ma dernière étape. Je vais en avion. Je ne suis plus dans le continent.

C'est l'endroit le plus ouest que je suis jamais allée. Je ne suis jamais allée aux États-Unis, et de toute façon, je ne sais pas si les États-Unis sont plus ouest que l'Europe, puisque la terre est ronde. Quand j'étais en Chine, j'ai pensé que Dublin était au milieu de Berlin, parce que c'est ce que l'idéogramme « Dublin » signifie en chinois. Aussi, j'ai cru que Londres était au milieu de toute l'Europe, parce que l'Angleterre semble tellement grande : « L'empire sur lequel le soleil ne se couche jamais. » Alors Londres doit être au centre de l'Europe, comme le caractère chinois pour la Chine 中国, il signifie un pays au centre du monde.

J'ai des difficultés tout de suite : on m'arrête à la douane de l'aéroport.

« Vous avez un visa ? » l'agent d'immigration, assis dans la boîte en verre, me demande très sérieusement.

Il est aveugle ou quoi ? Il ne voit pas les timbres importants sur mon passeport ? Je le regarde, avec une grande assurance : « Bien sûr que j'ai le visa.

— Où ça ? » Il jette mon passeport sur la table.

Cet Occidental m'énerve un peu. Je reprends mon passeport et ouvre la page avec le tampon du visa de Schengen.

« Là ! » Je montre le visa à cet homme aveugle. « Vous ne voyez pas que c'est un visa de Schengen ?

— Mais nous ne sommes pas dans l'espace Schengen », dit l'homme d'une voix très calme.

Je suis déroutée : « Mais on m'a dit que les Irlandais vous utilisez l'euro, comme la France et l'Allemagne !

— Cela ne veut pas dire qu'on a signé la convention de Schengen. Vous avez besoin d'un visa pour entrer dans ce pays. »

Pendant un moment, j'ai vraiment peur. Puis je me souviens de mon visa anglais. Vite, je trouve la page où j'ai mon visa étudiant de l'ambassade du Royaume-Uni. Je suis très fière de moi.

L'homme regarde une seconde seulement et dit : « Nous ne faisons pas non plus partie de l'Empire. »

Il jette encore mon passeport sur la table.

Je regarde l'agent et je ne sais pas quoi faire. Est-ce qu'ils vont me retourner en Angleterre ? Ou me retourner en Chine directement ? Je n'ai pas le billet de retour. Si maintenant ils me renvoient, est-ce que je devrai payer le billet d'avion ? Ou ils paieront le prix ?

J'attends dans le coin de la douane, tous les voyageurs me dépassent, et les nouveaux voyageurs venant d'autres pays étrangers partent aussi. Je reste seule. Après un moment, je vois l'homme donner mon passeport à un nouvel agent, puis il s'en va. Ce nouvel agent est un homme très gentil. Sans doute il vient d'un pays moins à l'ouest. Il me fait remplir un formulaire, puis il le vérifie. Ensuite il me place devant la caméra. Zut, je n'ai jamais vu qu'il y a une caméra sous la boîte de verre de la douane ! J'essaie de sourire et d'être innocente. L'homme sympa dit O.K. et il tamponne mon passeport.

« Quel est ce tampon ? » Je suis très inquiète qu'il tamponne quelque chose de terrible, terrible pour mon avenir.

« Cela signifie que la prochaine fois que vous viendrez en Irlande sans visa, vous serez hors la loi. » Il me rend le passeport avec un tampon noir qui me permet de rester si je ne travaille pas.

« Vous comprenez ? demande l'agent.

— Oui. Oui. Merci. »

Je tiens le passeport, comme si je tiens le reste de ma vie dans ma main.

Quand je fais le tour de Dublin, je me perds encore. Je me promène dans un parc, St Stephen's Green. Il y a un lac dans le parc, et des cygnes l'habitent. Il y a aussi des oiseaux étranges avec un cou vert, ils nagent sur l'eau. La pluie arrive, un vrai rideau de pluie. Il pleut intensivement. Personne, pas une plante, pas une seule feuille, ne peut éviter la folie de la pluie. Je m'enfuis du parc. Près de là, il y a un hôtel appelé Shelbourne. Je rentre.

L'hôtel est merveilleux. Quelqu'un joue du piano dans le hall. Il y a une cheminée, non, deux, au rez-de-chaussée. Le feu brûle. Je regarde le feu. J'aime regarder le feu, mieux que la télé, la manière qu'il change sa forme tout le temps. Il ne brûle pas du charbon ou un bois. Mais une sorte de longue barre noire carrée. Je ne l'ai jamais vue avant. Je m'assois sur le vieux canapé moelleux luxueux et sens que le feu aspire mon eau de pluie.

« Excusez-moi, connaissez-vous la chose qui brûle ? je demande à un vieux monsieur sur le canapé suivant. Il est en chapeau melon noir et manteau sombre, avec un grand parapluie noir. Il semble venir d'une histoire de Sherlock Holmes, un vieux détective.

« Je vous demande pardon ? le vieil homme dit.

— Vous savez cette chose, cette chose dans le feu, comment elle s'appelle ? je demande en montrant la cheminée.

— Ah, ce sont des briquettes, mon petit, il répond fièrement.

— Briquettes ? Pourquoi ? On dirait un mot pour le pain français.

— Ou de la tourbe, si vous préférez », il ajoute.

Il regarde mon visage profondément incompréhensif. Alors il se lève pour me montrer, pour m'aider à comprendre : « Autrefois, en Irlande, on utilisait des pelles pour découper la tourbe. Puis on la séchait. » Il fait le geste de creuser et de couper.

L'homme a un accent très puissant et ma compréhension orale devient désespérée.

« Tourbe » ou « fourbe » ? Je ne comprends pas ce mot. Zut, pourquoi pas seulement « chose noire qui brûle » ?

Un jeune serveur séduisant apporte un menu.

« Désirez-vous commander quelque chose ? il demande poliment.

— Oui. » Bien sûr, je dois faire semblant d'être une touriste chic du Japon ou Singapour. Je partirai tout de suite que mes vêtements seront secs.

Le serveur me donne un grand livre de menu.

Le vieux monsieur paie l'addition. Il prend son vieux parapluie énorme et me salue avec son chapeau melon. « Au revoir, mademoiselle. »

Cinq jours en Irlande, je reste sur le lit de l'auberge de jeunesse pour lire *Intimité*. Parfois, je regarde dans le dictionnaire, mais plus je lis, moins il m'importe les nouveaux mots comme « thatchérien » ou « thérapeute ». Je me moque de ce qu'ils signifient. Dans ce livre, ce que l'homme veut de sa femme c'est l'intimité, mais elle ne lui donne pas. Alors il la quitte pour un nouvel amour, une vie nouvelle et passionnée. Tu ne sais donc pas que tout ce que je veux, c'est être intime avec toi ?

À Dublin, le matin quand je finis de lire la dernière page du livre, je décide de retourner à Londres aussitôt. Je suis fatiguée du voyage. J'ai la nostalgie de toi.

Vite, je fais mon sac à l'auberge de jeunesse et je sors de cet endroit où sont tous les étudiants d'université bruyants et les hippies. Peut-être ces gens n'ont pas besoin de l'intimité, ou ils l'ont assez, ou elle ne vaut rien pour eux quand ils écoutent leur iPod et dansent en boîte toute la nuit.

Octobre

MOI

Moi n.m. Ce qui constitue l'individualité, la personnalité du sujet ; personnalité dans sa tendance à ne considérer que soi et ses intérêts.

L'avion atterrit à l'aéroport de Stansted à Londres. C'est l'après-midi. Dehors il pleut, sombre comme d'habitude. J'attends mon sac au dos devant le tapis roulant. Il est parti à Los Angeles ou Delhi, ou bien quoi ? Tout le monde prend son bagage, mais le mien ne sort pas. Presque une heure plus tard, la dernière personne prend sa valise sur le tapis.

Je vais signaler au service des bagages. Un homme s'excuse et me dit qu'il va chercher et me contacter. Heureusement, j'ai mon passeport sur moi.

Tu n'es pas venu me chercher, alors je prends le train pour retourner à la maison. Je n'ai rien à rapporter de mon voyage. J'ai perdu mon *Gens de Dublin*, perdu mon Fernando Pessoa, perdu *Intimité*. J'ai perdu aussi toutes les cartes que tu m'as données. Et j'ai perdu ma brosse à dents, perdu mes vêtements, perdu mon carnet d'adresses. Il me reste seulement les histoires passées dans l'appartement de Berlin-Est, à Amsterdam sous la glycine, à Venise, à Faro... Elles restent dans mon cœur et ma peau.

Londres du soir : tout me revient si vite. Le métro lent et bruyant, les *fish and chips* graisseux, les pubs sombres et bondés, les rues pluvieuses, les gens qui attendent et les bus qui n'arrivent jamais. Londres est vraiment un lieu déprimé.

La maison est vide, mais elle sent ton odeur partout. C'est un grand désordre. Tous tes outils sont par terre. Tes sacs d'argile et de plâtre traînent dans le salon. Dans la cuisine, je trouve une rangée de tasses sales sur la table et il y a la sculpture d'une baignoire en plastique au milieu de la pièce. Elle se moque de moi. Seulement les plantes vivent leur vie tranquille dehors. L'arbre fruitier sans fleurs n'a pas bougé, et continue de protéger la paix du jardin. Il y a des feuilles jaunes partout sur tes sculptures. Je ramasse une figue. Elle est presque pourrie et le jus sort immédiatement. Je la goûte, elle est très sucrée. Les graines sont comme des sables dans ma bouche. Pendant les cinq semaines de mon absence, la nature a changé beaucoup. Chaque plante a une forme différente. Et toi ? Pendant ces cinq semaines, est-ce que quelque chose de toi a changé ?

J'allume la radio. Le bulletin météo, aussi important qu'hier et demain. Un homme parle d'une voix très grave, comme s'il apprend que l'Angleterre a perdu le match de football.

« Le reste de la journée sera couvert, et il pleuvra pendant la majeure partie du week-end. Cependant, on peut espérer quelques éclaircies, alors croisons les doigts... »

C'est ça. Croisons les doigts.

Je lave toutes les tasses et toutes les assiettes sales. Je balaie et j'appuie tes sculptures contre le mur. Je mets toutes tes chaussettes sales dans la machine. Je nettoie ta table. Puis je m'assois et attends.

Lorsque le dernier rayon de lumière dans le ciel a disparu, tu rentres avec une bande de tes amis. Tu me serres dans tes bras, me dis salut, comme tu prends dans tes bras et salues n'importe quel ami. Puis tout le monde s'assoit, fume des cigarettes, parle des blagues anglaises et rit très fort. Je ne comprends jamais les blagues. Et je sais que tu détestes les fumeurs. Mais maintenant, tu laisses fumer tes amis partout dans la maison. Amitié. Un terme respectueux.

J'essaie de rejoindre la conversation, mais c'est frustrant.

Vous parlez de la chirurgie transsexuelle, transformer une personne d'homme à femme. Une de tes amies est très maquillée avec des longs cheveux bouclés blonds. Mais elle est bizarre, elle a un air masculin. Sûrement elle était un homme avant. Zut, comment je peux savoir ?

Elle est une experte :

« Il en est sûr ? Fais-moi confiance, chéri, s'il veut vraiment le faire, alors il devrait aller aux States. Je peux lui filer tous les contacts, et lui obtenir une ristourne.

— Et ça va chercher dans les combien ? un de tes amis intéressé de savoir demande.

— Eh bien, le Dr Brownstein prend environ sept mille sept cent cinquante dollars, plus trois mille dollars pour la salle d'opération… Et ce n'est pas tout : l'anesthésie coûte sept cents dollars…

— Putain ! l'ami intéressé dit.

— Alors, parle-nous un peu de l'opération, un autre demande.

— C'est assez compliqué. Le médecin doit créer un vagin, avec un maximum de sensations clitoridiennes et vaginales, et un minimum de cicatrices… »

Je coupe des carottes et j'essaie de suivre la conversation. Les carottes sont très dures.

J'écoute, j'écoute attentivement, j'arrête même de couper les carottes. Mais finalement, je suis perdue. Je suis une étrangère. Et personne ne peut dire le contraire. Je suis seulement la femme de quelqu'un, une paysanne. Je me sens seule. J'ai envie de te parler sans tout le monde autour. J'ai l'impression que les attentes que j'ai rassemblées pendant mon voyage ne mènent à rien. Je crois que mon absence de cinq semaines dans cette maison ne t'a pas bougé.

Pendant qu'ils continuent leur conversation passionnée sur le transsexuel, je te dis que j'ai perdu mon sac au dos. Et j'ai perdu toutes tes cartes. Tu dis tant pis, tu n'as plus besoin.

Un de tes amis entend que je reviens d'Europe.
« Alors, tu es allée à Dublin ?

— Oui.

— C'était comment ?

— Bien. »

Une autre personne dit :

« Et Paris ?

— Paris était bien », je réponds.

La troisième personne demande :

— Tu as aimé Venise ?

— Oui.

— C'est bien », elle répond.

Alors les Anglais parlent comme ça ? Dans ce cas, je dois être un peu anglaise maintenant.

Finalement, tous tes amis partent. Il ne reste que les traînées de fumées qui flottent autour du plafond, et les verres vides sur la table. Nous voilà, face à face, tous les deux.

Tu fais chauffer de l'eau et t'assois vers moi.

« Alors, comment ça va, ma chérie ? Tu veux un thé ?

— Non.

— Tu es sûre ?

— Oui. Fais-toi du thé si tu veux. Moi, je ne veux pas.

Très bien. » Tu me regardes et observes mon humeur sur mon visage.

« Tu aimes beaucoup de personnes, mais je n'aime que toi », je dis douloureusement. Je veux mettre le sujet au premier rang.

« Qu'est-ce qui ne va pas maintenant ? Tu ne crois pas que je t'aime ?

— Je ne sens plus cette intimité avec toi comme avant.

— Pourquoi ?

— Je ne sais pas. J'ai l'impression que tu n'as pas vraiment besoin de moi, et que tu n'as eu jamais vraiment besoin de moi. Je ne sais pas pourquoi je suis revenue ici.

— Je ne comprends pas. Je n'ai pas changé.

— Mais je sens que tu es froid. Nous n'avons pas fait l'amour il y a très longtemps, et tu ne m'as même pas embrassée quand tu es arrivé. Tu m'as manqué beaucoup, je t'ai écrit des e-mails tous les jours possibles, mais combien d'e-mails tu m'as écrits pendant le dernier mois ? Cinq seulement ! Tu savais que je rentrais ce soir, mais tu as amené tes amis. Tu ne voulais pas être avec moi en privé ? Est-ce que tes amis sont plus importants que moi ? »

Je suis en colère. Je vois ma colère partout dans la maison.

« Je t'aime. Mais je ne vais pas abandonner mes amis pour autant. Je te trouve bien égoïste.

— Merci ! Oui, je suis très égoïste. Tellement égoïste parce que je voudrais passer une soirée tranquille avec mon amour après cinq semaines de voyage ! »

J'essaie de retenir ma colère. Je ne sais pas quoi dire. Je sais que tu n'as pas couché avec quelqu'un quand j'étais partie, et c'est moi qui ai fait toutes ces choses stupides. Pourquoi je te reproche ? Mais en même temps, tu me déçois tellement.

« Je crois que je ne représente rien pour toi », je crie.

J'entre dans la salle de bains. Je fais couler l'eau. J'enlève mes vêtements. Et je me lave de toutes ces poussières.

La nuit, quand nos corps sont allongés côte à côte, je me sens détachée. Nous ne sommes plus un seul corps. C'est la première fois que je ressens cela. Il y a un grand « moi » obsessionnel qui se sépare de mon corps et regarde ton corps. Même quand nous faisons l'amour. Même quand ton corps est profondément dans mon corps...

Nous Chinois ne sommes pas encouragés à utiliser le « moi » très souvent. Les vieux camarades dans l'unité de travail diraient : comment peut-on penser à soi plus qu'aux autres et à la société ?

Le « moi » est contre le « groupe » et le « collectivisme ». Le « moi » est l'ennemi du Parti communiste. À l'école moyenne on apprend que « la personne la plus admirable » doit s'oublier, ne pas satisfaire ses besoins personnels.

Je me souviens quand toute ma classe de l'école moyenne est allée à la maison des vieilles personnes tous les vendredis après-midi. C'est un grand endroit où vivent les vieilles personnes seules, mais aussi les bébés abandonnés. Les bébés étaient toujours des filles, des filles trouvées dans les poubelles ou dans la rue. Je me souviens qu'il y avait beaucoup de petits bébés qui dormaient dans une pièce. Nous avons apporté des savons et des bassines de la maison pour laver les couches et les habits. Je me souviens que plusieurs bébés filles avaient une étrange peau tachée et des cheveux blancs. Nous avions peur de voir cela. On nous a dit que ces bébés avaient une maladie de la peau. Nous avions peur de les toucher et que nos corps deviennent blancs aussi. Il y avait deux bébés qui avaient des formes de corps étranges. Leurs doigts étaient attachés, et une des jambes tordue comme les plantes grimpantes. J'étais horrifiée. Mais nous avons appris à comprendre les malheurs et les souffrances de l'humanité, à comprendre que nous avons beaucoup de chance contrairement à ces gens impossibles.

Mais ici, dans ce vieux pays pluvieux capitaliste, « moi » signifie le plus important. « Moi » est à la base de tout. Art, affaires, mode, système de société, tous dépendent profondément de ce « moi ». La relation entre le monde et le « moi » est très forte. Le « moi » marche super bien.

AVORTEMENT

Avortement n.m. Interruption de grossesse naturelle ou provoquée ; échec d'une entreprise, d'un projet.

Mes règles retardent. J'attends une semaine. Puis deux. Pas une goutte de sang. Pendant un après-midi vague, je décide d'aller à la pharmacie pour acheter un test de grossesse. Je rentre à la maison et tu n'es pas là. Je me débrouillerai toute seule. Il y a une croix sur le symbole bleu : positif.

Je regarde le test de grossesse dans ma main, et je me demande si ce bébé vient de toi. Je ne sais pas vraiment. Je regarde cette croix encore et mon corps se sent sale. Je veux me laver.

J'attends toute la journée que tu rentres à la maison. Quand tu rentres le soir, je te dis. Je te dis que je dois aller à l'hôpital et avorter. Plus vite que possible. Bizarrement, tu ne poses pas de question. Tu ne demandes pas quand c'est arrivé, et tu ne demandes même pas s'il est de toi. Tu me regardes seulement avec un visage triste et j'éclate en pleurs. Tu me prends dans tes bras et me serres fort.

Cinq jours après, tu me conduis à un hôpital à Richmond dans ta camionnette blanche cassée. Nous nous arrêtons dans une station-service. Est-ce que c'est très loin ? je demande. Pas très loin, tu réponds, nous y serons bientôt. Ta camionnette est vieille, mais n'est jamais complètement cassée. La route. Tant de voitures. Tant de feux. Ma tête tourne. Tout se brouille. Je ne sais pas ce que tu penses de ce bébé qui est peut-être à toi. Je sais seulement que tu tiens ma main très fort et tu lâches seulement pour changer de vitesses. Tu es la seule chose stable autour de moi. Tu es ma vie.

Je me réveille sur un lit roulant. Je ne sens rien d'inhabituel. Je mange l'orange et les biscuits que l'infirmière me donne. Je mets mon manteau et je trouve mes chaussures. Je n'ai plus peur, seulement le chagrin du vide. Je marche lentement vers la salle d'attente. Je te vois. Tu te lèves parmi les piles de journaux et me rejoins.

Quand nous allons à la camionnette, ta main est sous ma taille et je me sens faible. Nous ressemblons un couple typique qui a perdu un bébé. Quand nous poussons le portail du jardin devant l'hôpital, quelqu'un nous arrête. Une vieille petite dame en noir se tient devant nous. Elle semble un fantôme. Ses cheveux sont gris et des rides couvrent son visage. Elle est maigre comme un squelette. On voit ses os et ses vaisseaux sous sa peau. Elle sort une petite carte d'un sac plastique et me la donne, puis disparaît vite dans la rue. Sur la carte, il y a trois lignes imprimées :

Conseil de planning familial indépendant.
Nous sommes là pour vous aider,
vous et votre futur bébé.
Confidentialité assurée.

Derrière, il y a un numéro de téléphone et une adresse.

Mais trop tard.

Non, chère vieille petite dame, nous voulions l'avortement. Je voulais avorter. Tout le monde vient dans cet hôpital pour la même chose. Est-ce que cette dame a vu toutes les femmes seules qui attendent là pendant des heures, parce qu'elles veulent avorter ?

Je me sens beaucoup mieux après que nous partons de l'hôpital. Je sens que mon corps redevient normal. Je sens que le niveau de mes hormones redevient normal. Je suis soulagée.

NOSTALGIE

Nostalgie n.f. Regret mélancolique relatif au passé ;
tristesse causée par l'éloignement du pays natal.

« Tu as besoin de manger », tu me dis.

Tu m'achètes des nombreuses nourritures du
supermarché Tesco. Le bébé est parti, alors je dois
manger beaucoup pour remplir le vide. Salade, cre-
vettes, poulets frits… Tout sur le dos du paquet est :
« Produit pour les magasins Tesco. » Dans ma ville
d'origine, quand une femme avorte, sa mère prépare de la soupe d'anguille au gingembre ou une
soupe à base de dattes et de graines de lotus. Mais
pas ici. Ici, les paquets Tesco prennent soin de
vous.

Tu me réchauffes une tarte mystérieuse. Elle
s'appelle q-u-i-c-h-e. Je ne l'ai jamais vue avant.
Sur le paquet est écrit :

Même les vrais hommes mangent de la quiche !

Quiche, q-u-i-c-h-e. Je ne reviens pas d'avaler
cette chose brûlante et informe. Une nourriture très
ambiguë. Totalement indéfinissable. Je me demande

ce que mes parents diront s'ils viennent un jour dans ce pays et la mangent. Sans doute ma mère dira : « C'est comme manger quelque chose qui vient de la bouche d'une autre personne. » Et mon père dira : « C'est le reste d'un repas et on l'a recuit, mais l'intérieur est déjà mélangé. »

Je serai d'accord avec mon père. C'est un grand désordre. Tu me dis que c'est une spécialité française. Je ne te crois pas. Je crois que les Anglais ont trop honte de reconnaître leur nourriture. Alors ils disent que c'est français pour se défendre.

Mais le soir, tu me prépares un poisson. Pas un cabillaud, pas un bar, aucun poisson anglais traditionnel. C'est une carpe argentée. Elle est comme le poisson de ma ville d'origine. Elle sent la rivière près de notre maison. Je me souviens que j'ai étudié un mot avant, et je me souviens comment on prononce ce mot. Nos-tal-gie. Manger la carpe cause ma nostalgie.

ÂGE

Âge n.m. Temps écoulé depuis qu'une personne ou une chose est en vie ; période de la vie ; vieillesse ; grande période historique.

Aujourd'hui quand tu décharges des caisses de ta camionnette, tu es extrêmement fatigué. Tu deviens vraiment vieux. Avant, nous avions cinq ans de différence dans les yeux des gens, mais maintenant, le grand écart de vingt ans est évident. Cela me rend un peu triste pour toi. Tu me regardes avec un petit sourire. Il y a une ombre sous tes yeux. Peut-être c'est moi qui te vieillis. Je ne travaille pas pour gagner nos vies. Et je te demande toujours de l'amour. Je demande de l'amour en montrant ma vulnérabilité, encore et encore. Je me souviens, à notre début, tu avais des cheveux parfaits. Mais maintenant, il y a un peu de gris caché derrière tes oreilles. Et tes rides, elles sont au coin de tes yeux. Parfois, je me demande si tu as vu ces rides, si tu as vu tes cheveux gris cachés derrière tes oreilles.

Avant tu croyais à la vie individuelle absolue, pas de famille, pas de mariage. Tu pensais qu'une personnalité ne pouvait jamais changer. Mais récemment tu as dit : « Les gens changent. Ils changent tout le temps. » Regarde maintenant. Ma vulnérabilité t'oblige de me montrer un amour solide, de me montrer un amour pratique. Depuis l'avortement, tu essaies fortement de former une famille avec moi, en faisant des choses pratiques. Tu es fatigué, physiquement, et peut-être spirituellement aussi.

Est-ce ton amour que je veux ? Ou bien je voulais toujours que tu deviennes vieux, que ton charme disparaît pour les autres. Alors tu es plus faible. Alors nous sommes égaux.

Je m'approche de ta camionnette, et je t'aide à ranger les caisses qui contiennent des bouteilles de vin. Tu livreras aux magasins dans deux jours. Les caisses sont lourdes. Mais tu ne veux pas les laisser dehors, parce des gangs de Hackney ont cassé la camionnette et essayé de voler tout ce qu'ils pouvaient. On ne peut pas faire confiance aux gens ici, tu as dit. Nous portons les caisses dans la cuisine et les rangeons par terre, avec précaution et lenteur.

« Pourquoi tu fais ce travail ? Pourquoi tu n'essaies pas de vendre tes sculptures avec plus d'insistance ? je demande. Pourquoi tu as besoin encore de l'argent ? La maison t'appartient. Ce n'est pas assez ? Si c'est un grand problème, on peut déménager en Chine où ton argent occidental te rend riche.

— Tu ne vas pas te taire une minute ? Laisse-moi vivre ! »

Je me déteste d'avoir tant d'exigences. Mon besoin d'amour est comme une brosse à dents dure qui essaie de laver des mauvaises dents, alors elles finissent par saigner. Plus j'essaie fort, plus le sang coule. Mais je crois que l'amour guérit tout, et à la fin, les dents ne saigneront plus. Je pense toujours que l'amour est l'espoir, de tout.

Just the two of us...

Cette musique très forte sort de la fenêtre de notre voisin :

Rien que nous deux, on peut y arriver si on essaie. Rien que nous deux, construire des châteaux dans le ciel. Rien que nous deux, toi et moi...

PHARE

Phare n.m. Tour munie à son sommet d'une source lumineuse qui guide les navires.

Le train nous emmène au pays de Galles. C'est notre première vacance ensemble. L'impression est neuve. Nous devions faire cela il y a longtemps, avant de nous disputer, avant d'aller mal. Maintenant je sais pourquoi il y a autant des vacances en Occident.

C'était ton idée de venir ici. Tu veux quitter la ville, tu veux que tes poumons inspirent l'air des montagnes et la mer. Et je suis d'accord. Je suis d'accord, parce que je pense que voyager ensemble peut nous aider, peut enlever la maladie de notre relation.

C'est l'après-midi venteux quand nous arrivons dans l'ouest du pays de Galles. Je sors du train et j'expire la saleté de Londres. La mer d'Irlande est sous la montagne. Le ciel est haut et les arbres sont vert foncé. Les habitants ici marchent plus lentement qu'à Londres. Ils bougent lentement, conduisent lentement, rient lentement, passent le temps lentement. Tu me dis que les Anciens croyaient que les humains perdaient leur âme quand ils marchaient trop vite. Alors ici les gens doivent avoir des âmes fortes.

La montagne se lève sur d'énormes rochers. Des piles et des piles de rochers dégringolent dans la mer. Nous marchons de la vallée à la montagne. La montagne est énorme. Elle est constamment reliée à une autre montagne, et une autre montagne derrière. Si haute qu'elle semble proche du ciel. Les falaises sont raides, sans végétation. Peut-être parce que le vent est trop fort. Dans un paysage aussi désolé, il n'y a pas d'hésitation, pas de confusion. Quand nous marchons sur la montagne, nous voyons que l'herbe pousse court et dur, enracinée dans le sol comme des aiguilles. Et la terre sous mes pieds est très dure aussi. Grimper, grimper. J'entends ma respiration et la tienne, difficile, forte.

Nous marchons dans les broussailles, sur le côté *yin* de la montagne. Il est sombre et boueux. Les racines sont partout sous mes pieds. Nous marchons dans la forêt. La forêt pourrissante, humide et touffue. Le monde devient encore plus calme. Tu adores ça. Ton corps se ranime et tu ressembles à un homme de vingt ans. Les oiseaux chantent sous les branches, et les feuilles frottent les unes contre les autres dans le vent. Nous nous asseyons, inspirons et expirons. Tu ramasses une enveloppe de châtaigne derrière toi. L'enveloppe est vieille, marron, triste. Mais quand tu l'ouvres, l'intérieur est soyeux, lisse, doux. Il sent le printemps. Je vois ton amour pour cette châtaigne, et je sens tout mon amour pour toi.

Des nuages noirs couvrent rapidement le ciel, et le soir précoce de l'hiver tombe. Il y a une chose inconnue cachée dans la forêt. Une chose qui aspire l'âme humaine. Et je devine que nous serons bientôt avalés par cette nature. Je trouve que la beauté de la nature peut être une terreur, mais je ne sais pas si tu penses pareil.

Nous dormons dans un *Bed and Breakfast*, une très vieille maison de pierre. C'est un village dans le Pembrokeshire, un village sur la montagne, un village enterré dans les herbes sauvages vertes, un village caché dans les brouillards nocturnes, un village où le ciel porte les étoiles et la lune.

Je perds le sommeil pendant la nuit. Il pleut tout le temps. Depuis que nous arrivons, je n'ai pas fermé les yeux. Je pense que je ne m'habitue pas au calme ici. Le calme est si fort qu'il est presque insupportablement bruyant. C'est si calme partout que j'entends toutes sortes de bruits. J'entends même la mousse pousser.

Tandis que je m'allonge sur le lit avec toi, dans cette étrange maison de pierre la nuit, je sais que la pluie couvre les bois, et que la mer brasse, incessante, à une distance proche. La lune séduit la vague et la marée s'agite follement. La pluie tombe sur le plafond au-dessus de notre lit, sur la mare à côté de la maison, sur les orties piquantes à côté de la fenêtre. Le monde entier pleut. Le monde entier se noie. Aucun endroit ne peut rester sec, pas un centimètre.

Le lendemain matin, la pluie devient plus légère, et le vent moins fort. Nous descendons dans le salon pour boire du café chaud et manger le petit déjeuner devant le feu. Il fait bon et abrité à l'intérieur. Il fait lugubre dehors. C'est le mot. Mais tu n'es pas d'accord. Je dis que je ne veux plus sortir. Je le jure. Tu te moques de moi. Tu dis que tu aimes ce temps. Tu dis que c'est pour ça que tu aimes la nature. La nature est puissante, et cette puissance est belle.

« Si on allait au phare ? tu proposes.

— Le phare ? Le phare de Virginia Woolf ? » Je me souviens du livre que tu m'as donné.

« Non. Celui-ci est plus beau.

— Où est-il ?

— Viens avec moi. » Tu te lèves.

Nous empruntons un parapluie à la vieille dame du *Bed and Breakfast*, quittons le feu et retournons à la nature. Mes bottes sont encore mouillées de la boue d'hier. C'est une paire de bottes de ville, qui perdent leur forme ici. Elles ne sont pas à leur place. Je devrais acheter une paire de bottes en caoutchouc et un imperméable.

C'est une longue marche, à travers les bois et les fermes. Après environ une heure et demie, nous voyons le phare. Il se trouve au pied de la colline. En face de la mer. Il n'y a rien d'autre autour, pas même un mouton. Nous marchons dans sa direction. Il se rapproche, grossit. Il est haut, mince, très droit, comme un sexe de jeune homme. Il est totalement isolé, dans la solitude.

Nous nous asseyons à côté du phare. Les mouettes plongent dans l'eau. Les vagues sont vert foncé. J'imagine la nuit. Dans le noir, la lumière tourne, balaie la montagne, le pré, le chemin, la plage, la mer. J'imagine la lumière qui cherche, mais peut-être cherche pour rien.

« Est-ce qu'il y a des bateaux qui vont de l'autre côté de la mer ? je demande.

— Oui, mais pas aujourd'hui. Pas tous les jours.

— Si on demandait quand il y aura un bateau ici ? Alors nous prenons un bateau pour aller de l'autre côté.

— Vas-y, si tu veux. J'ai envie de rester ici », tu réponds.

— Mais il n'y a rien ici. »

Le courant est calme. Le phare garde un secret, un secret que je ne comprends pas.

La ville vide ton énergie. Mais tu redeviens vivant ici. Pour toi, trouver un serpent ou un ver de terre sous l'herbe est plus surprenant que faire de l'art ; voir un dauphin danser dans la mer est plus intéressant que faire de l'art, regarder une grappe de fleurs rouges se changer en une guirlande de fruits est plus satisfaisant que faire de l'art ; écouter un bourdon butiner un bouton de fleur est plus plaisant que faire de l'art. Je pense que tu es né pour la nature. Pourquoi tu ne restes pas ici ? Pourquoi tu te forces à retourner à Londres ? Tu devrais rester, sans penser à moi.

Encore, j'ouvre mon cahier pour regarder mes études quotidiennes, mes efforts quotidiens. Je me vois essayer d'écrire toujours plus de mots et de phrases dans les pages blanches. J'essaie d'apprendre plus de vocabulaires pour pouvoir communiquer. J'essaie de ranger tout le dictionnaire dans mon cerveau. Mais dans cette campagne éloignée, dans ce pays des merveilles isolé, à quoi bon ? Il n'est d'aucune importance de parler chinois ou anglais ici ; il n'est d'aucune importance d'être sourd ou muet. Le langage n'a plus d'importance. Seule la simple existence physique est importante dans la nature.

Novembre

PATHOLOGIE

Pathologie n.f. Étude scientifique des maladies ;
maladie.

Toi, mon patient anglais, tu n'arrêtes pas de tomber malade. Avant, je m'allongeais à côté de toi
quand tu avais mal à la tête ou au corps. Aussitôt,
j'abandonnais tout pour m'allonger à côté de toi.
Mais tu tombes malade depuis si longtemps et si
souvent que j'ai perdu ma patience.

« Chéri, je sais comment soigner ta dépression :
fais du yoga tous les matins, du vélo tous les après-
midi et de la natation tous les soirs.

— Peut-être qu'il faudrait simplement que je
trouve le bon médicament.

— Non, je ne pense pas que tu peux résoudre ta
maladie par la voie du médicament. Le problème
vient de ton *qi*, ton énergie. »

Tu es couché et regardes le plafond d'un air
vague : « Tous les matins je me réveille et je me
sens fatigué avant même de sortir du lit.

— C'est parce que ta maladie vient de tes pensées. Tu détestes trop cette société, tu as trop marre
de cet endroit. Tu n'es pas malade. Tu ressembles

à ta vieille camionnette. Tu es vieux, trop vieux, toutes les pièces mécaniques cassent. Tu te souviens ? Ta camionnette blanche et toi, vous aviez beaucoup d'énergie avant.

— Je voudrais seulement comprendre ce qui ne va pas chez moi.

— Vous les Occidentaux voulez toujours appeler les maladies d'un nom précis. Mais en Chine nous n'appelons pas toutes ces maladies. Parce que nous pensons qu'elles viennent d'une très simple raison. Si tu veux résoudre ta maladie, tu dois d'abord calmer ton corps, plutôt que prendre des comprimés chaque fois.

— Très bien, continue. » Tu lèves la tête du lit.

« Il y a trois classes générales de maladie dans la médication chinoise. Le *qi* pathogène interne, le *qi* pathogène externe, et le traumatisme. Le pathogène interne concerne les dysfonctionnements organiques, le pathogène externe concerne le *qi* étranger qui pénètre dans le corps, et le traumatisme est le traumatisme.

— Le traumatisme est le traumatisme ?

— Je suppose que dans le cas du traumatisme, le *qi* et le sang quittent les courants de circulation normaux. Et il provoque la stagnation de ton énergie intérieure. Donc, certaines parties de ton corps souffrent du manque de *qi*. C'est pour ça que tu es fatigué tous les jours. Et c'est pour ça que tu as souvent mal à la tête.

— D'où est-ce que tu tiens tout ça ? » Tu me regardes ébahi.

« C'est normal, je suis chinoise.

— Tu veux dire que tous les Chinois savent ça ?

— Je pense.

— Sérieusement ? Même les Chinois du traiteur de Hackney Road ?

— Tu n'as qu'à leur demander la prochaine fois que tu passes devant.

— Pourquoi tu ne me parles jamais de tout ça ? » Maintenant, tu te lèves. Tu dois te sentir mieux.

« Parce que tu ne me demandes jamais. Tu ne fais jamais vraiment attention à ma culture. Vous Anglais, vous avez un jour gagné Hong Kong, donc vous avez sans doute entendu parler que la civilisation chinoise a cinq mille ans et qu'elle est la plus riche civilisation humaine qui a jamais existé dans notre monde… Nous Chinois avons inventé le papier pour que votre Shakespeare peut écrire deux mille ans plus tard. Nous Chinois avons inventé la poudre pour que vous Anglais et Américains pouvez bombarder l'Irak. Et nous Chinois avons inventé la boussole pour que vous Anglais pouvez naviguer et coloniser l'Asie et l'Afrique. »

Tu me dévisages, sans mot. Puis tu sors de la chambre et remplis la bouilloire.

« Est-ce que tu veux du thé ? » tu demandes.

PESSIMISME/OPTIMISME

Pessimisme n.m. Tendance à prendre les choses du mauvais côté et à envisager le pire.

Optimisme n.m. Tendance à prendre les choses du bon côté.

Un pétale est un pessimiste. Un pétale se fanera.

Le corps d'un vieillard est un pessimiste, il pourrit et se décompose.

Un bouddhiste est un pessimiste dans sa réalité, mais à la fin, face à la mort, il est un optimiste parce qu'il s'est préparé toute sa vie à accueillir la paix de la mort.

Un fermier est un optimiste parce qu'il croit que les pommes de terre sortiront du sol.

Un pêcheur est un optimiste parce qu'il sait qu'il reviendra toujours avec un bateau plein de poissons.

Un insecticide est un optimiste. Il veut aider la bonne vie en tuant la mauvaise.

Tout le monde essaie d'être un optimiste. Mais être un optimiste est un peu ennuyeux et pas très honnête. Les ratés sont plus intéressants que les battants.

Il est 17 h 45 et je prépare le dîner. Il fait déjà noir d'encre dehors. Je regarde la pendule et je reviens à la cuisine surveiller la nourriture. Il est 18 heures, puis 18 h 10, puis 18 h 20, puis 18 h 30. J'allume la radio, écoute ce que je peux comprendre. Finalement il est 19 heures. Depuis, chaque minute devient insupportable. La paranoïa envahit la cuisine. 19 h 30 maintenant. Tu m'as dit que tu arrivais avant 18 heures. Pourquoi tu n'es jamais à l'heure ? Est-ce que tu es en train de draguer ? Ou peut-être des choses pires...

Pour essayer d'arrêter cette imagination visuelle douloureuse, j'augmente le volume de la radio. Grande nouvelle du jour : « Cet après-midi, la justice a condamné une femme qui avait tué la maîtresse de son mari. La victime était enceinte... »

La soupe bouillonne toujours sur le feu mais elle est presque brûlée. Tué... Le monde entier s'écroule. La paranoïa pénètre dans mon corps par mon esprit. Mes muscles tremblent fort et mon ventre a mal. Je suis en crise de nerfs et je sens que je peux détruire les meubles de cette maison, les symboles de notre vie commune.

L'amour est parfois tellement pessimiste, et l'amour est parfois tellement destructeur. L'amour peut conduire une femme à se perdre, et dans ce monde perdu il ne reste peut-être qu'à construire un nouveau monde.

À 21 heures, tu rentres à la maison. Je verse toute la nourriture dans la poubelle. Tu es un peu effrayé de voir ce que je fais. Je dis tout haut, à moi-même, et à la maison entière :

« Il ne faut jamais cuisiner avant le retour de l'homme à la maison ! »

ÉLECTRIQUE

Électrique adj. Produit, transmis ou alimenté par l'électricité ; excitant ou tendu (air, atmosphère).

Cheveux, seins, hanches, courbe des jambes, mains qui tombent indolentes, le tout diffus – moi aussi diffus,
Flux attisé par le reflux, reflux attisé par le flux, chair d'amour qui enfle, délicieusement douloureuse,
Infinis jets d'amour, immenses, limpides et brûlants, gelée d'amour frémissante, décharge blanche et jus fiévreux,
Nuit d'amour du jeune marié qui œuvre avec douceur et assurance jusqu'à l'aube torpide,
Ondule vers le jour désirant et offert,
Se perd dans l'étreinte irrésistible du jour à la chair tendre.

C'est dans un livre de Walt Whitman, qui se trouve sur ton étagère couvert d'épaisses poussières. Mais depuis les deux dernières semaines, il est devenu ma bible. Je le lis tous les jours et je pense que je comprends.

Gelée d'amour. Je pense à toi. Tu es comme l'homme dans le poème de Walt Whitman. J'imagine que tu es nu au bord de la mer, un paysage sauvage derrière toi. Tu es un jeune homme avec un corps en bonne santé et un esprit libre. Tu es un simple fermier, avec une passion naturelle. Tu as des belles hanches, jambes et mains ; tu as une sensibilité et un amour forts pour la nature. Tu es l'ami des mouettes, des abeilles, des oiseaux-mouches. Tu connais ce dauphin au loin qui danse sur la mer. Tu marches à travers les champs de pommiers, passes devant les fermes, et puis jusqu'à la mer. Ton corps emporte l'odeur de l'herbe et la chaleur de la terre dans l'eau de mer... Alors je regarde ta réalité ici. Comment peux-tu te priver entièrement de ces choses ? Tu vas mourir. Tu vas mourir. Tu vas mourir comme un poisson sans eau.

La vie au passé et la vie au présent sont très différentes. Lorsque je t'ai rencontré, je me souviens que tu parlais et souriais tout le temps. Tu parlais de choses intéressantes d'une manière intéressante, et tu avais un langage séduisant. Tu utilisais des mots beaux, des mots amusants, des mots sexy, des mots électriques, des mots nobles. Ta parole était aussi charmeuse que toi. Mais que s'est-il passé ? Les choses ont changé. Après toutes ces disputes, tous ces malheurs, tu ne parles plus comme avant. Tu écoutes seulement ; tu écoutes mes mots ; puis arrêtes d'écouter et penses à ton monde à toi. Mais je ne peux pas arrêter de parler.

Je parle et je parle, toujours je parle. Je vole tes mots. Je vole tous tes mots les plus beaux. Je parle ta langue. Tu as renoncé à tes mots, comme tu as renoncé à écouter. Tu ne fais que dormir, dormir, toujours dormir.

BEST-SELLER

Best-seller n.m. Livre ou autre produit qui remporte un grand succès commercial.

La nuit dernière j'ai fait un rêve. J'ai rêvé que j'écrivais des livres de cuisine pour les femmes au foyer qui s'ennuyaient dans leur vie inimaginable. J'ai rêvé que mon livre se retrouvait sur les rayons les plus visibles des librairies Waterstones. Je devenais un best-seller qui avait la célébrité en Angleterre, Écosse, et même au pays de Galles. Mon livre s'appelait : *Dompter les pâtes : trois cents manières de cuisiner chinois.* En fait, au début, il n'y a que dix recettes de pâtes, mais dans mon rêve, j'ai l'idée que dans une année il y a trois cents soixante-cinq jours et je dois écrire au moins trois cents recettes. Le reste des soixante-cinq jours de l'année, les gens peuvent manger du riz, du pain, ou une autre nourriture qui leur plaît.

Je me souviens que le premier plat de mon livre s'appelle :

Dragon dans les nuages

La recette est : fins vermicelles de riz avec tofu frit et germes de soja dans une soupe de poulet. Alors tout semble blanc et doux comme les nuages.

Et d'autres recettes de pâtes :

Rivière rouge
Moules et ciboule dans une soupe
de pâtes pimentée

Double bonheur
Canard rôti et porc accompagné de pâtes frites

Palais du dragon
Tranches d'anguille et vermicelles de riz
dans un bouillon au gingembre

C'est aussi une cuisine réversible, autrement dit elle peut être préparée façon chinoise, ou façon spaghettis italiens. Par exemple, on peut remplacer le gingembre par du basilic, ou le piment par du romarin et un peu de fromage. Alors les pâtes prennent une *identité* totalement différentc.

À la fin du rêve, il y avait un groupe de grosses Anglaises mûres qui parlaient de mon livre dans un salon de thé à la campagne. Elles mangeaient du gâteau aux carottes en buvant du thé, mon livre ouvert sur la table, et discutaient de l'épicerie chinoise la plus proche où acheter tous les ingrédients.

Je me réveille et je ne sais pas d'où vient cette idée. Je suppose parce que j'ai faim de cuisine chinoise. J'ai envie de raviolis à la farce de fenouil

313

et porc, et je donnerais n'importe quoi pour du canard rôti et du bœuf épicé. À l'étranger, penser à la nourriture est une obsession quotidienne.

Il y a une chose importante dans le rêve : j'ai trop honte pour mettre mon vrai nom sur la couverture du livre, parce que je sais que si je deviens célèbre en Occident, les Chinois l'apprendront immédiatement et feront toute une histoire. Un écrivain qui n'écrit pas des récits ou des romans sérieux, mais des recettes de pâtes pour les Anglais, ce sera un scandale en Chine. Alors je choisis de m'appeler Anonyme, la personne qui n'a pas de nom.

Je me lève, affamée. J'ai une super envie de goûter ces recettes spéciales, mais quand j'essaie de me rappeler comment on prépare les pâtes de mes rêves, ma tête reste vide. J'ouvre le placard et prends un paquet de soupe chinoise instantanée.

Décembre

LE FUTUR

Le futur n.m. Quand on évoque l'avenir, on fait parfois une simple prédiction, sans rapport avec le présent. On dit ce qui risque de se produire. Mais il arrive aussi qu'il y ait un lien entre le présent et le futur. Notamment dans le cas d'actions déjà décidées ou qui se décident au moment où elles sont énoncées : quand on fait des plans, des promesses, des menaces, des offres, des demandes.

Mrs Margaret dit que je suis nulle en verbes, surtout futurs. « Ne vous inquiétez pas, dit-elle. Tous les Asiatiques ont le même problème. Ça finira par rentrer. »

Comment le « temps » peut être si clair en Occident ? Est-ce que « être » est défini par la science ou Bouddha ? La réincarnation, ce n'est pas le passé ou le futur. C'est un cercle sans fin. Un rond-point, qui finit et commence au même endroit.

Au début, je n'ai pas le concept du temps quand je parle anglais. Mais maintenant, je pense que je comprends mieux, après toutes nos batailles.

Sun Zi, le maître chinois qui vivait il y a deux mille cinq cents ans, dit dans l'*Art de la guerre* :

> Le guerrier suprême est celui qui gagne la
> guerre en forçant l'ennemi à se rendre sans
> livrer aucune bataille.

Mais aucun de nous deux ne veut se rendre, et aucun de nous deux ne peut gagner la bataille. Aucun de nous deux n'est un guerrier suprême. Alors la bataille n'en finit pas, ainsi :

MOI : « Je veux le futur avec toi. Une maison dans un bel endroit avec toi, planter des bambous, des lotus, des jasmins, quelques-uns de tes perce-neige préférés. » (Quand je dis cela, l'image est si forte qu'elle doit être une volonté de ma vie précédente.)

TOI : « Tu ne peux pas avoir le futur maintenant. C'est pour cela que c'est le futur. »

MOI : « Je ne suis pas d'accord. Le futur naît de ton plan, ton action concrète. »

TOI : « Non, c'est faux. Le futur arrive quand il arrive, point. Je ne crois pas aux promesses. Comment peux-tu savoir de quoi sera fait l'avenir ? Tu le connais seulement quand il arrive. »

MOI : « Est-ce que ça veut dire que tu ne veux pas le futur avec moi ? » (Je regarde dans tes yeux douloureusement.)

TOI : « Tu t'inquiètes toujours de l'avenir. Comment peut-on envisager de se marier quand on n'arrête pas de se disputer ? Tu n'es jamais satisfaite de ce qui est, tu voudrais toujours que les choses soient différentes. Nous ne pouvons pas rester ensemble si tu n'acceptes pas mon style de vie et si tu n'acceptes pas que tu ne pourras pas me changer. Tu ne peux pas toujours vouloir que je sois quelqu'un d'autre. »

Tu as raison, je sais. Je ne peux rien dire.

Encore, je me sens comme une glycine, mais je ne peux pas grimper et faire confiance à mon tronc, parce que mon tronc s'écroule.

« Vis dans l'instant présent ! » Tu m'imposes cette idée, encore.

« Vis dans l'instant présent », je répète. Pourquoi faudrait-il ? « Vis *dans* ou vis *pour* l'instant présent ? Peut-être toi, tu ne vis que *pour* l'instant présent. C'est une chose hippie. Moi, humble étrangère, je ne peux pas faire ça.

— *Dans* ou *pour*, l'idée est la même.

— Non elle est différente », je proteste, avec force et colère. J'ai récemment appris la différence entre *dans* et *pour* avec Mrs Margaret. Ils sont deux concepts distincts.

« Aimer », ce mot d'ici, comme les autres mots d'ici, a un temps. « J'aimais » ou « j'aimerai » ou « j'ai aimé ». Tous ces temps signifient qu'aimer est limité dans le temps. Pas infini. Il existe seulement dans une période déterminée. En chinois, aimer est 爱 *(ai)*. Il n'a pas de temps. Pas de passé, pas de futur. Aimer en chinois signifie un état, une situation, une circonstance. L'amour est l'existence qui englobe le passé et l'avenir.

Si notre amour existait dans le temps chinois, alors il durera toujours. Il sera infini.

POSSÉDER

Posséder v. Avoir à soi, disposer de quelque chose de manière exclusive ; avoir en propre (caractéristique, qualité) ; connaître parfaitement, maîtriser.

Tu dis que mon amour pour toi est comme une possession. Mais comment je peux te posséder toi qui as un monde si grand ? Peut-être la question n'est pas la possession, mais moi qui essaie de trouver ma place à l'intérieur de ta vie. Je vis dans ta vie. Je vis dans ton corps, j'essaie de comprendre chaque mouvement que tu commandes. Chaque nuit, j'inspire et j'expire ta respiration. L'odeur de tes cheveux et de ta peau couvre mes cheveux et ma peau. Je ne connais personne dans ma vie aussi bien que toi.

J'espère seulement que la nuit continue ainsi, pour toujours. J'espère que nos corps peuvent toujours être aussi proches, et nos âmes rester côte à côte. Je ne veux pas que le soleil arrive, que le jour arrive. Je sais que la lumière du jour t'enlève à moi. Alors tu vis dans ton propre monde, le monde qui a un grand fossé entre nous.

La journée, tu restes avec tes sculptures. Ton argile, tes sables, ta cire. Tu fais des nombreux moulages du corps humain. Tous les matériaux attendent là, imperturbables, avec des spécifications vagues et indéfinies.

La conversation sur le lit après que nous faisons l'amour :

« Pourquoi le corps t'intéresse toujours autant ? je demande.

— Parce qu'on ne se lasse jamais du corps. » Tu frottes le sperme sur ma peau, lentement, pour essayer de le sécher. « Manger, boire, chier… Le corps est la clé de tout.

— Mais pourquoi tes sculptures sont affreuses et malheureuses ?

— Je ne les trouve pas affreuses. Elles sont belles.

— Peut-être. Belles d'une manière affreuse. Mais elles souffrent toujours.

— Parce que la vie est ainsi. »

Je ne peux pas approuver, mais je ne peux pas déprouver non plus.

« Mon corps est toujours malheureux, sauf quand je fais l'amour », tu dis.

Ta voix devient fatiguée et tu fermes les yeux.

J'éteins la lumière. Je regarde l'obscurité. J'ai assez de pensées pour parler à la longue nuit, seule.

NOËL

Noël n.m. Fête chrétienne annuelle célébrée le 25 décembre, commémorant la naissance du Christ ; période autour de cette fête.

Demain est Noël. Nous nous réveillons aux bruits de cuisine des voisins. Ils rangent sans doute les tables et les chaises pour leurs invités. Tu me dis que nous resterons à Londres jusqu'au déjeuner, puis tu m'emmèneras voir ta famille cet après-midi. Je suis curieuse, mais aussi inquiète. Rencontrer ta famille est un grand événement pour moi. Encore une chose liée au futur.

Qu'est-il arrivé à Jésus-Christ la veille de Noël ? Est-ce qu'on l'accroche à la croix ? Est-ce qu'il renaît ? Nous avons appris quand nous étions petits que seulement le phœnix peut renaître. Un oiseau femelle beau et grand, avec le cou d'un serpent, le dos d'une tortue, et la queue d'un poisson. Elle mange des gouttes de rosée. Elle vit mille ans. Une fois ce temps écoulé, elle brûle sur son propre bûcher funéraire et renaît de ses cendres. Jésus doit être un peu comme un oiseau, le symbole de la haute vertu.

L'hiver est une très longue saison en Angleterre. Hackney Road est mal éclairée, sombre, mouillée, obscure. Mais il y a quelque chose en plus qui nous rend toi et moi nerveux à cette période. Toi et moi sommes des personnes qui n'aiment pas les fêtes, en plus que je n'ai pas de famille ici. Dehors, les lumières des néons scintillent, brillent comme le bonheur fragile.

Presque un an a passé. Au début, nous étions très passionnés l'un pour l'autre. Maintenant, tout vieillit et se couvre des poussières. Tous les matins tu vas au même magasin au coin de la rue pour acheter le journal. Tu t'assois dans un café pour prendre ton petit déjeuner et lire. Tu préfères lire le journal n'importe où dehors, parce que tu dis que tu ne peux pas te détendre à la maison. Est-ce que je devrais partir et te rendre l'espace ?

L'après-midi. Nous sommes dans ta camionnette blanche. Nous roulons vers le sud-ouest de l'Angleterre, vers Lower End Farm, l'endroit où tu as grandi. La route en direction de la campagne est très calme. Comme une route que personne ne connaît, comme si personne ne l'a empruntée avant. La lumière baisse. Il fait gris. Les maisons au bord de la route sont toutes allumées. Ah, les autres sont tous heureux, en famille. Je déteste Noël.

Je me mets à pleurer.

Tu me regardes pendant un moment, puis regardes la route. Tu sais pourquoi je pleure. Tu ne dis rien. Seulement le bruit du moteur continue.

« Tout va bien se passer », tu dis.

Mais je ne sais même pas ce que serait « bien se passer ».

J'arrête de pleurer. Je me calme un peu. Il n'est que 16 heures, mais le ciel dans la campagne est déjà noir foncé, et la pluie arrive avec le vent glacé. Le vent souffle les pins, l'herbe et les chênes dans les champs. Les feuilles frémissent et les branches tremblent. Il doit y avoir trop de vent dans le sang anglais.

Sombre et boueuse, c'est la route qui mène à ton enfance…

Ce soir, tu me montres le tour de ferme avec une lampe de poche. C'est une grande ferme, étendue jusqu'à l'horizon. Des moutons, ou peut-être des vaches au loin, meuglent.

Il y a quatre vieilles femmes dans cette maison : ta mère, ta grand-mère, tes deux sœurs. Trois chats aussi. Je me demande si ces chats sont tous femelles. Pas d'homme. Tes deux sœurs, l'une a quarante-deux ans, l'autre a quarante-huit. Tu me dis qu'elles ne sont jamais mariées. Peut-être, elles sont habituées à cette vie de vieilles filles, alors elles n'ont plus besoin ou ne veulent plus d'un homme. Ton père est mort il y a longtemps, et aussi ton grand-père. Mais toutes les femmes survivent.

Ces femmes, dans ta famille, elles sont toutes agricoles. Elles ont eu la vie dure, cela se voit. Leurs visages sont rouges sur les joues à cause du vent glacé. Elles sont simples et robustes. Elles sont directes, et ont des impressions très fortes pour chaque petite chose. Leurs questions sont ainsi :

« Zhuang ? Quel drôle de nom. Comment ça s'épelle ? »

« Tu regardes la télé, Z ? »

« Z, il y a combien d'heures d'avion entre la Chine et l'Angleterre ? »

« Merde ! Un milliard. Il y a vraiment autant de gens que ça dans ton pays ? »

Elles parlent fort, rient fort, coupent la viande fort dans la cuisine. Elles me rappellent ma famille. Elles sont très différentes des Londoniens.

Il y a environ vingt médailles dorées et argentées sur le mur de la salle à manger. Ces médailles sont pendues sous les photos des moutons et des vaches, les gagnants des compétitions agricoles. Plusieurs journaux régionaux sont punaisés sur le mur, avec des photos de tes sœurs qui serrent leur vache gagnante. Et la vache aussi a une grosse médaille à son cou. Je ne comprends pas cette compétition entre vache et vache.

Le salon a une grande affiche des moutons. Chaque mouton a son nom différent, et ils ont l'air vraiment différents. Celui à gauche s'appelle Oxford Down et ressemble à un gros chien gras, mais avec les oreilles et le nez noir brûlé. Celui à droite s'appelle Dartmoor, avec une laine frisée ébouriffée, comme une femme dans un salon de coiffure qui a une permanente électrique. Celui du bas s'appelle Exmoor Horn. Il a des cornes bouclées et un corps ramassé comme une boule de neige… Pas de photo d'être humain. Un musée des moutons.

Je vais dans la cuisine. Ta mère prépare le dîner du réveillon. Je vois les assiettes avec les dessins des moutons, les tasses de thé avec les photos des vaches, et la théière en forme d'une petite chèvre.

Tout dans cette maison semble âgé, aussi vieux que ta grand-mère. Ta grand-mère a quatre-vingt-dix-sept ans. Elle habite le premier étage. Tu me mènes lui dire bonjour. Elle est très maigre. Elle est trop vieille pour bouger. Aussi trop vieille pour parler. Elle ne semble pas reconnaître qui tu es.

J'essaie de comprendre ces quatre femmes à l'accent fort. Je ne sais pas si elles sont dures ou amicales. Il y a une certaine sensation de brutalité chez ta sœur quand elle coupe la viande. Cela m'intimide. Est-ce une des raisons pourquoi tu as quitté ton village d'origine, tu es venu à Londres, et tu ne voulais pas des femmes quand tu étais jeune ?

Après le dîner, tout le monde est fatigué et va se coucher. Nous dormons dans un canapé-lit au salon. Il est minuit. Dehors, une grande étendue de silence couvre la ferme partout. Pas de voisin, pas de pub, pas de magasin, pas de voiture, pas de train. C'est un lieu écarté de la civilisation. C'est encore pire que ma petite ville chinoise. Si calme qu'on se croit au bout du monde. Parfois, un ou deux pétards explosent au lointain. Mais le reste du monde est gelé comme la glace de l'océan Arctique.

Le matin de Noël, il neige. La ferme est sous un léger manteau blanc. J'espère qu'elle est heureuse de recevoir la neige un jour aussi spécial. Après un grand brunch, nous regardons le discours de la reine à la télé, puis nous disons au revoir à ta famille et prenons la route. Ta mère et tes deux sœurs nous font des signes devant la maison. Quand je les regarde de la camionnette, je me sens triste.

Peut-être nous devrions rester plus longtemps, manger la dinde de Noël qu'elles préparent toute la journée. Mais tu dis que tu ne peux pas rester ici plus longtemps. Même pas un après-midi encore. Nous laissons derrière Lower End Farm. Nous laissons derrière la boue, les moutons, et l'herbe d'hiver.

Nous rentrons directement à Londres. Il n'y a personne dans les rues, pas un fantôme. C'est irréel. Presque trop parfait.

Les plumes de la neige couvrent peu à peu la saleté de Londres. La neige connaît son propre pouvoir. Elle sait comment rendre une ville moins lugubre et plus douce.

Nous nous arrêtons dans un petit café de Hackney Road, peut-être le seul ouvert. Le propriétaire est un étranger, peut-être du Moyen-Orient. Je suppose qu'il préfère travailler au café à Noël que passer une journée solitaire dans son appartement en sous-sol de l'est de Londres. Il y a des belles fleurs rouges sur chaque table. C'est un genre de feuilles-vertes-transformées-en-fleurs-rouges. Je prends le poisson et toi les frites. Nous regardons dehors. La neige tombe du ciel. Le propriétaire du café nous dit : « Joyeux Noël. » Il doit être très content de voir enfin deux clients dans cette journée vide.

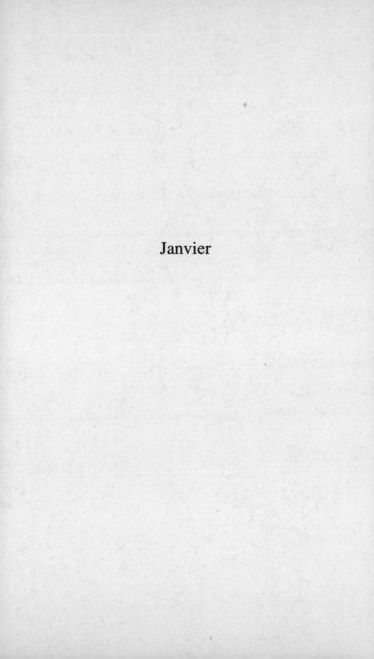

Janvier

TRAHIR

Trahir v. Livrer à un ennemi ou mettre en danger (sa nation, un ami, etc.) ; divulguer perfidement (un secret, une confidence) ; révéler involontairement (ce que l'on veut cacher).

Je ne sais pas si le temps nous prend dans son tourbillon rapide, ou si nous aspirons le temps dans notre monde intérieur. Noël semblait hier, mais déjà voilà le Nouvel An. La nuit dernière nous avons fait l'amour comme deux personnes désespérées. Et nous avons fait l'amour encore ce matin. Tout semble tellement vide. Désespoir, ou peur. Nous devons faire quelque chose qui reste inoubliable dans notre mémoire.

L'unique chose que j'aime complètement, sans aucun doute, est ton corps. Je l'aime. Température. Douceur. Compassion. Peut-être je peux renoncer à toi, mais pas à ton corps.

S'embrasser. J'étreins ta chaleur. Je pense à d'autres corps que j'ai rencontrés, dont je n'étais jamais vraiment amoureuse. Je parle.

« Tu sais, il s'est passé beaucoup de choses pendant ce mois.

— Ce mois ?

— Oui, ce mois.

— … Pendant que tu voyageais ?

— Oui. » Je regarde dans tes yeux. Je veux vraiment que tu saches. Si nous n'avons plus beaucoup à discuter, peut-être nous pouvons parler de ce mois, quand tu étais absent de moi.

« Est-ce qu'il y a des choses que tu m'as cachées ? » Tu mets ta main pour toucher mon visage.

« Mais tu n'as jamais demandé ! On dirait que le journal t'est plus important que la réalité. Tu préfères lire le journal tous les jours que me parler.

— Eh bien, parle, maintenant. »

Je suis fâchée encore. Pourquoi est-ce que tout est ainsi toujours ? Pourquoi je suis celle qui doit demander ? Pourquoi il n'y a plus de curiosité dans ton cœur ?

— Très bien. J'ai rencontré des hommes pendant le voyage, tu sais.

— Comment ça, tu as rencontré des hommes ?

— Oui, un à Amsterdam, un à Berlin, un à Venise, et un à Faro… » Je vois tous ces visages soudain. Je vois cet homme portugais avec les dents qui manquent, et il marche avec moi vers la plage sale sous le soleil du plein midi… Et je vois Klaus dans une rue de Berlin qui attend le bus. Sûrement maintenant il entre dans un magasin pour acheter une bouteille d'eau minérale à la marque de l'étoile rouge.

« Et puis ? » Tu deviens sérieux.

« Rien.

— Rien ?

— Rien de sérieux. Mais j'ai couché avec un homme que j'ai rencontré il y a seulement une demi-heure. »

Tu me regardes fixement. Ton visage est immobile. Il y a environ quatre centimètres entre mon visage et le tien.

« Mais je n'ai pas aimé cette expérience, en fait… » Je suis un peu inquiète de continuer cette histoire.

Il n'y a pas d'impression spécifique sur ton visage.

Soudain, je me souviens d'une phrase que j'ai lue dans la Bible sur ton étagère récemment : « Père, pardonne-leur parce qu'ils ne savent pas ce qu'ils font. »

« Je pense que je dois te dire, même si tu ne me demandes pas, je continue. Aussi, à Berlin, je suis devenue très attachée à un homme que j'ai rencontré dans le train. Il était malade à ce moment… »

Je suis bouleversée maintenant, mais en même temps soulagée.

Tu sors du lit et vas à la cuisine, nu. Tu ajoutes de l'eau dans la bouilloire, sans mot. Tu mets la menthe sèche dans la théière. Puis tu restes là, dans l'attente que l'eau bout.

« Si tu n'aimais pas ça, pourquoi tu l'as fait ? » Enfin, tu es fâché.

« Parce que… Je n'aime pas la distance.

— Alors il fallait que tu couches avec un inconnu ? »

Il y a le silence entre nous, puis tu dis :

« Chaque fois que je me demandais si tu étais avec un autre homme, je me disais qu'on ferait mieux de se séparer.

— Pourquoi ?

— Je devrais te rendre ta liberté.

— Mais je ne suis pas prisonnière.

— Quand j'avais ton âge, j'étais comme toi. Je voulais tout essayer, les relations, les expériences sexuelles. Je sais ce qui se passe en toi. Si tu restes avec moi, et que je te vois aller avec d'autres hommes, je me sentirai perdu. »

Ces mots, je ne veux pas les entendre. Tu as peur d'être perdu, mais c'est moi la personne dans notre relation qui est perdue la première.

« C'est toi qui voulais que je voyage seule ! » Je crie et pleure.

« Parce que tu es jeune… Trop jeune pour être aussi sérieuse avec moi. Quand tu étais en voyage, je t'imaginais souvent avec d'autres hommes, puis j'ai arrêté d'y penser. Même quand tu m'as dit que tu étais enceinte, je ne l'ai pas fait. »

L'eau bout dans la bouilloire, mais tu restes là sans bouger.

Je sens ta froideur couvrir cette maison. J'ai peur de toi. J'ai peur de cette attitude. C'est l'attitude la plus froide du monde.

Tu bois ton thé. Une tourte aux légumes chauffe dans le four, le genre de nourriture anglaise que je déteste. Une nourriture tellement triste. Une nourriture qui montre tout l'ennuyeux de la vie. Une nourriture sans passion.

Nous ne parlons pas le reste de la journée.

Tu t'occupes de tes sculptures. Tu coules la cire chaude dans le moule. La forme est mystérieuse. Je regarde une émission télé spéciale du Nouvel An, une animation avec un rossignol. Oscar Wilde encore, mais cette fois le conte est visuel et coloré. Le rossignol saigne et meurt, et le jeune homme abandonne la rose rouge. « L'amour vaut plus que la vie », le rossignol dit.

L'amour vaut plus que la vie ! Même l'amour produit la mort. Est-ce notre vœu de Nouvel An ?

INFINI

Infini n.m. Ce qui est sans limite par l'un de ses aspects (espace, temps, nombre).

Lorsque j'étais à l'école primaire, l'instituteur nous disait de compter et de nous arrêter seulement quand nous étions trop fatigués pour continuer. Il disait que le dernier nombre est « l'infini ». C'est un nombre, mais sans nombre. On peut compter, encore et encore, jusqu'à ce que les nombres deviennent incomptables.

L'infini est un futur incomptable.

Ici, dans notre cuisine et notre chambre, notre bataille est infinie.

« Écoute, je crie. C'est sérieux. Je dois savoir si je dois abandonner mon travail en Chine pour rester ici avec toi, ou si je dois retourner dans mon pays. » Je regarde mon passeport sur la table.

« Qu'est-ce que tu fais comme travail, là-bas ?

— Tu ne connais pas mon travail ?

— Je ne vois pas bien à quoi correspond cette unité de travail du gouvernement dont tu parles toujours.

— Je travaillais dans un bureau d'aide sociale.

— Et quel est le rapport avec l'unité de travail du gouvernement ?

— Tout le monde en Chine a une unité de travail, et je ne veux pas perdre cela si je dois retourner là-bas. C'est un travail payé à vie. C'est une sécurité. Si je le perds, je n'ai pas d'autre choix que fabriquer des chaussures avec mes parents.

— D'accord, mais tu ne peux pas prendre une décision concernant une relation uniquement en fonction d'un travail. »

Indécision, c'est le terme qui t'appartient. C'est pourquoi tu es malheureux dans ta vie ?

« Est-ce que tu veux vivre avec moi toujours ? » je recommence. Je dois. Je suis trop inquiète.

« Je ne peux pas te répondre. Rien n'est pour toujours.

— Tu ne crois pas à ce concept ?

— Non. Parce que je ne connais pas l'avenir. Je ne sais pas à quoi ressemblera l'avenir.

— Mais tu espères que tu seras avec moi dans l'avenir ? »

Tu es silencieux pendant trois secondes. Trois secondes est très long pour cette question. Puis tu réponds : « C'est l'avenir qui décide pour toi, pas le contraire. Tu viens d'un pays bouddhiste, tu devrais savoir ça.

— Très bien. Alors maintenant, on ne parle plus de l'avenir. Tout ce que je sais est : les Chinois font des projets. Projet est-il le mot proche de l'avenir ? Les fermiers cultivent le riz au printemps, et ils l'arrosent pour qu'il pousse tous les jours. Le riz germe, devient vert et les tiges poussent plus hautes. L'été arrive et les fermiers attendent que le grain grossisse. Puis c'est la moisson d'automne, et le grain devient doré. Leur projet est presque réalisé, mais pas tout à fait. Après la moisson ils séparent la paille et le grain. La paille va dans l'enclos du berger ou la cour du cochon, et le grain va au marché pour la vente. Alors une famille pourra vivre mieux tout l'hiver et la fête du printemps suivante. Après, ils brûlent les racines et les herbes sur les champs pour nourrir le sol avant de replanter. On pense toujours à l'étape suivante. Alors, vois cette nature. La vie concerne les projets, pas maintenant, pas aujourd'hui ou ce soir. Donc tu ne peux pas vivre seulement pour aujourd'hui, ce sera la fin du monde. »

Tu arrêtes d'écouter. Tu te concentres pour verser la cire chaude dans un moule. Il y a différents moules. Un ressemble à un cerveau, un autre à un œil, le troisième est un gros mamelon. Quand tu as fini, tu laisses refroidir, ensuite tu peux enlever le moule de la cire.

Ton dessin au crayon est sur la table de la cuisine. Un dessin, beaucoup d'organes humains, ils prennent un bain. Des os, une jambe, des oreilles, lèvres, yeux, bras, intestins... C'est presque laid. En fait très laid. Mais aussi très fort. Une fois tu m'as dit que tu penses que tu es laid, pourtant je ne suis pas d'accord. Tu dis que toujours tu as été fasciné par la laideur, les gens laids, les bâtiments laids, les ruines, les ordures.

Je lève la tête pour regarder la baignoire en plastique que tu as faite. Elle attend, silencieuse, pleine de son contenu vague, pleine de son contenu lourd.

RENVOYER

Renvoyer v. Chasser ; expulser (d'une école, etc.)
de manière permanente.

Aujourd'hui, l'unité de travail de mon gouvernement m'appelle. Soudain, je suis ramenée de force à cette société.

Le fonctionnaire au téléphone me dit sérieusement, à la façon communiste : « Vous avez un contrat avec nous. Nous devons vous avertir avant que vous fassiez de mauvaises choses là-bas. N'enfreignez pas nos règlements. Rentrez dans un mois selon le règlement de notre unité de travail, sinon vous serez *kai chu* (renvoyée) de notre organisation. »

Kai chu !

Renvoyée !

Je suis tellement furieuse que je veux jeter le téléphone par terre. Une année dans ce pays et j'ai presque oublié la stupidité de ces règles chinoises. Une individuelle appartient au gouvernement, mais n'appartient pas à elle-même. Oui, je veux être renvoyée. S'il vous plaît, renvoyez-moi. S'il vous plaît. Mais je sais aussi que c'est une simple menace. Ils menacent toujours les petites personnes au nom de la nation entière. On ne peut rien répondre en face. C'est comme *Le Petit Livre rouge* de Mao, il est écrit au mode impératif.

DILEMME

Dilemme n.m. Situation offrant un choix entre deux solutions également insatisfaisantes.

Je lis ce mot souvent sur le journal sans le comprendre jamais. Maintenant, quand je pense si je dois rester ici ou retourner en Chine, je comprends ce mot complètement.

C'est un mot difficile, comme ce qu'il signifie. Dilemme. Avec ce mot, j'apprends aussi : paradoxe, contradictoire, alternative.

« Si je quitte ce pays, ou disons si on se sépare, que feras-tu ? je demande.

— Je ne veux pas être avec une autre femme.

— Pourquoi ?

— Je ne veux pas.

— Pourquoi tu ne veux pas d'autre amour ?

— J'ai envie d'être seul.

— Vraiment ? Et tu ne veux pas non plus être avec un amour homme ?

— Non, je ne veux personne.

— Vraiment ? Je crois que je ne te comprends pas.

— C'est comme ça. Tu as besoin de moi, parce que ton amour relève du manque. Moi, je n'ai besoin de rien, et je n'ai pas besoin de toi. C'est pour ça que je peux vivre seul. »

Tu dis : « J'aimerais être un moine. Je veux renoncer à tout : la ville, le désir, le sexe. Alors, je serai libre. »

Tu dis encore : « Nous devrions nous rendre notre liberté. »

J'insiste : « Mais nous nous aimons encore. » Comment deux personnes peuvent décider de se quitter quand elles sont toujours amoureuses ?

« Nous devrions nous quitter. » Tu me regardes, comme si tu es un prêtre, un prêtre sévère à l'église.

Soudain, je comprends que tu as déjà décidé. Et rien ne peut changer. Mais je me souviens encore de cette chanson d'amour que tu m'as chantée avant, sous ton figuier dans le jardin. Les paroles et la mélodie résonnent toujours dans mes oreilles :

C'est le cœur qui n'apprend jamais à danser,
par peur de se briser.

Je pense que tu veux seulement le joyeux de l'amour et que tu n'oses pas affronter le difficile. En Chine, on dit : « On ne peut pas avoir les deux bouts de la canne à sucre aussi bons. » Parfois, l'amour est laid. Mais il y en a toujours un qui doit le prendre et l'avaler.

Je décide de m'occuper de mes papiers d'immigration. Je vais faire une demande pour prolonger mon visa. C'est frustrant. Je dois montrer mes relevés de compte au ministère de l'Intérieur et prouver que j'ai un revenu stable si je veux vivre ici. Mais certainement je n'ai pas de revenu. Tout est payé par ma famille. Combien il me reste dans la banque ? Deux cents livres ? Cent cinquante demain ? Surtout, je n'ai pas d'autre raison de rester ici, sauf toi. Et je ne sais plus quoi faire. Je veux rester, mais je ne sais pas si c'est la bonne décision. Les opinions de mes parents m'inquiètent moins qu'avant. Mais ils ne savent rien de ma vie ici.

Je pensais que tu apporterais tout dans ma vie. Je pensais que tu étais mon Jésus. Tu es mon prêtre, ma lumière. Alors j'ai toujours pensé que tu étais mon seul foyer ici. Je me sens tellement fragile par la peur que j'ai de te perdre. C'est pour ça que je veux te contrôler. Je veux que tu sois toujours dans le champ de ma vue, je veux couper tes extensions vers le monde et les autres.

Je pense à ces jours quand j'ai voyagé seule en Europe. J'ai rencontré des gens et finalement j'avais moins peur d'être seule. Peut-être je devrais laisser ma vie s'ouvrir comme une fleur ; peut-être, je devrais voler comme un oiseau solitaire. Je ne devrais pas être arrêtée par un arbre. Je ne devrais pas avoir peur de perdre un arbre qui cache la forêt.

OPPORTUN

Opportun adj. Qui vient à propos, qui convient au moment, aux circonstances.

Aujourd'hui, je lis encore au sujet des temps. C'est une phrase d'Ibn Arabi, un vieux sage très éclairé qui vivait au début du XIIIᵉ siècle. Il dit :

> L'univers continue d'être au présent.

Est-ce que cela signific que la différence des temps anglais est compliquée sans raison ? Est-ce que cela signifie que les temps ne sont pas naturels finalement ? Est-ce que cela signifie que l'amour est une forme qui continue pour toujours, comme dans mon concept chinois ?

Ce que j'ai compris en étudiant l'anglais, c'est que le temps est une chose, mais qu'il y a aussi le moment opportun.

Je comprends cela très bien maintenant. Je comprends que tomber amoureuse de la bonne personne au moment inopportun pourrait être la plus grande tristesse dans la vie de quelqu'un.

Tu avais toute cette belle énergie à l'intérieur, quand je t'ai rencontré au cinéma. Mais les choses ont changé. Toutes nos batailles, tes luttes avec Londres, tout cela te fait ressembler à une petite figue sèche tombée de l'arbre.

Dans notre jardin, depuis quelques jours, les figues tombent de l'arbre, l'arbre fruitier sans fleurs. Elles n'ont pas grossi ou mûri pendant l'été, mais elles ne peuvent pas survivre à l'hiver non plus. Elles sont minuscules, immatures, verdâtres, et fripées comme un vieil homme qui n'a pas eu sa jeunesse heureuse. Ces figues ont la peau pleine de petites rides. Elles semblent très tristes. Le matin, quand tu vas dans le jardin pour ramasser ces figues sur le sol, tes mains sont pleines de terre et de pitié.

Je me souviens des jours quand nous venions de nous rencontrer. Alors les figues poussaient ardemment. Je me souviens qu'une fois tu as ouvert une grosse figue molle pour me montrer les graines au-dedans. L'intérieur était rose et délicat, et tu me laissais boire ces jus sucrés... Maintenant c'est l'hiver, le temps de mourir, notre temps noir.

Tu vois ces modestes figues tomber de l'arbre, et tu les ramasses une par une. Tu reviens à la cuisine et poses ces petites choses rondes vertes sur la table, la table où nous coupons les légumes, la table où tu lis le journal, la table que je me sers pour étudier l'anglais et faire mes devoirs tous les soirs.

Un, deux, trois, quatre, cinq, six, sept, huit, neuf, dix, onze, douze... Il y a dix-sept figues minuscules sur la table de la cuisine maintenant. Elles sont immobiles, obscures, quelconques et anonymes. Elles veulent me dire quelque chose, mais finalement elles sont fatiguées. Elles sont fatiguées par les saisons, exactement comme toi.

Je vois que ta beauté est diminuée, par moi. Jour après jour. Nuit après nuit.

Février

CONTRADICTION

Contradiction n.f. Combinaison d'affirmations, d'idées, ou d'éléments opposés les uns aux autres ; position qui s'oppose à un point de vue énoncé auparavant.

Tu vis toujours entre deux réalités. Tu veux faire ton art, mais en même temps tu ne l'apprécies pas. Tu veux partir loin de Londres, t'installer dans une place pure et naturelle, avec la montagne et la mer, mais en même temps tu as l'obsession de communiquer avec la société.

Parfois nous sortons nous promener. Nous marchons dans Victoria Park, où nous allons à Broadway Market Street, puis nous traversons London Fields. Ton visage pâle est caché dans ton vieux blouson de cuir marron, et tes joues disent les douleurs sans nom.

Parfois je ne peux pas m'empêcher de t'embrasser, de t'adoucir, de te remonter le moral. Tu marches plus lentement qu'avant, lentement comme si nous sommes un couple très âgé. Tu te bats contre toi-même.

« Est-ce que tu veux venir en Chine avec moi ? »
Encore, je t'invite. Pour la dernière fois, je t'invite.

Tu t'arrêtes et me regardes. « Oui. Mais je ne sais pas si je veux encore voyager. Il faut que j'arrête de dériver. »

London Fields est en gris jaune. Les platanes sont nus. Il n'y a plus d'enfants pour jouer autour. Je me demande si je verrai cette herbe sortir au printemps.

À la librairie municipale de Hackney, nous nous asseyons pour regarder les livres.

Gustave Flaubert a dit : « Les Grecs du temps de Périclès faisaient de l'art sans savoir s'ils auraient de quoi manger le lendemain. Soyons grecs ! »

Je ferme le livre de Flaubert et te regarde. Tu lis un album avec des photos de sculptures. Je pense encore aux mots de Flaubert : les artistes devraient se consacrer à l'art comme un prêtre se consacre à Dieu. Mais pourquoi l'art est si important ? Pourquoi il doit être comme une religion ?

« Comment l'art peut-il être plus important que la nourriture ? je te demande d'une petite voix.

— Je suis d'accord avec toi, en fait. » Tu refermes le livre de sculptures. « Je ne pense pas que l'art soit si important que ça. Mais l'art est à la mode en Occident. Tout le monde veut être un artiste. Les artistes sont des modèles. Je déteste ça. »

Tu reposes le livre sur l'étagère.

Je proteste : « Tu es comme le dicton chinois : "Tu perces ton bouclier avec ta lance." Tu te contredis avec toi-même. Tu fais de l'art quand même. Donc ça veut dire que l'art est aussi un besoin, une expression nécessaire.

— Oui, mais si j'avais mieux à faire, je laisserais tomber l'art. Je préférerais une activité plus concrète. »

Je suis déroutée.

Je voudrais employer ma vie à faire quelque chose de sérieux, quelque chose comme l'écriture ou la peinture, en tout cas, pas les chaussures. Je me moque de ce que tu as dit des artistes. J'aimerais écrire sur toi un jour. J'aimerais écrire sur ce pays. On dit qu'il faut séparer sa vraie vie de son travail artistique, qu'il faut protéger sa vraie vie de sa vie de fiction. Comme ça, on a moins mal et on voit le monde plus sobrement. Mais je pense que c'est une attitude très égoïste. J'aime ce que Flaubert dit des Grecs. Si tu es un vrai artiste, tout dans ta vie fait partie de ton art. L'art est un monument à la vie. L'art est la face abstraite de ta vie quotidienne.

La voix de ma grand-mère bouddhiste me parle encore : « La réalité qui nous entoure n'est pas réelle. C'est l'illusion de la vie. »

FATALITÉ

Fatalité n.f. Force surnaturelle qui détermine le cours des événements, destin ; concours de circonstances malheureuses, malédiction.

Le film s'appelle *Samedi soir, dimanche matin*, il est du réalisateur Karel Reisz dans les années soixante. C'est le dernier film que nous verrons ensemble. C'est le dernier film que je verrai à Londres.

Albert Finney joue le beau jeune homme du film. Il est trop beau pour une humble vie d'ouvrier. Il a envie de sortir et de s'amuser. Bien sûr, il crée aussi des problèmes. Il s'ennuie dans sa liaison avec une femme mariée, et il ne veut prendre aucune responsabilité. Alors il drague les jeunes filles. Il séduit une, mais après quelque temps, il s'ennuie aussi avec la jeune fille, car elle n'est rien pour lui à part sa brève beauté. Les femmes ne pèsent pas dans son cœur insatisfait. Le travail physique et la jeunesse sans imagination l'ennuient. Il voit qu'il ne gagne rien à chercher les excitations de la vie et devient frustré. Sa beauté se dessèche. L'énergie de sa jeunesse disparaît à la fin du film.

Est-ce que ta vie est un peu comme celle de ce jeune homme ? Est-ce que tu voyais les femmes et la famille comme lui ? Je regarde ton dos, tes cheveux marron et ton blouson de cuir marron. Nous marchons dans la rue nocturne à South Kensington. Encore. C'est un endroit très familier, c'est là que nous nous sommes rencontrés. Un an a passé.

Nous nous arrêtons devant un petit magasin pour acheter des samosas. Le magasin est presque fermé.

« Alors tu ne penses pas qu'il peut aimer cette femme mariée ? » je demande.

Je vis toujours dans le film.

« Non. » Tu prends deux samosas aux légumes.

« Et tu ne penses pas qu'il peut aimer cette jeune fille aussi ?

— Non. Ils ne s'aiment pas. Il n'y a pas d'amour entre eux. Ils sont incapables d'aimer. »

Je mords le samosa froid. Ah. Incapables d'aimer.

« Que ferais-tu si tu étais l'homme du film ? » Je ne renonce pas.

« Je quitterais la ville, exactement comme j'ai quitté Lower End Farm. Cette ville est morte, finie. »

J'arrête de manger le samosa. J'ai besoin de savoir encore une chose :

« Pourquoi tu ne veux pas être avec la fille ? Elle est jeune, mignonne, simple. Ils peuvent continuer ensemble le reste de leurs vies.

— Parce qu'elle montre à quel point elle est limitée à la fin du film. Tu te souviens de la dernière scène ? Lorsqu'ils sont assis au sommet de la colline qui domine la banlieue, elle lui dit qu'un jour, ils vivront dans une de ces maisons. Il l'écoute et jette un caillou au loin.

— Pourquoi une maison ou un foyer est une chose ennuyeuse ?

— Parce que… »

Tu arrêtes. Tu ne veux plus expliquer. Peut-être, tu sais que tu n'es pas raisonnable.

Nous rentrons ; il est minuit. La petite rue est d'un calme mortel et la maison d'un froid pareil. Nous sommes épuisés, personne ne veut poursuivre la discussion. Nous savons très bien où nous irons si nous continuons de parler de l'amour et la vie. Nous abandonnons tous les deux, sans le dire.

Puis je me rends compte qu'il est en fait samedi soir et dimanche matin. Un soir funeste et un matin funeste. Un moment absolument funeste dans ma vie. Il y a une lettre recommandée sur la table qui m'attend. Tu l'as reçue ce matin. Mon cœur s'emballe, s'emballe fort. Non, je ne devrais pas ouvrir cette lettre. Elle est du ministère de l'Intérieur.

C'est toi qui l'ouvres. Tu la lis et tu me la tends, sans mot.

Il y a un tampon noir à la page 22 de mon passeport, de la direction de l'Immigration et la Nationalité, du ministère de l'Intérieur. C'est un tampon pentagonal. Pentagone, une forme étrange. Seul le Pentagone près de Washington a cette forme étrange. C'est un tampon funeste.

Ma demande pour prolonger mon visa anglais a été rejetée.

Un jour, tu m'as dit que je suis une agnostique, ou peut-être même une sceptique, mais maintenant je comprends que je suis en fait une fataliste, comme beaucoup d'Asiatiques. Le résultat de ma demande de visa est ce que je pensais. Pas parce que je suis une pessimiste, mais parce que je sais que les autorités et moi nous n'avons pas de bonne raison de prolonger mon visa. Je savais déjà cela quand j'ai préparé mes papiers. Quand je dis qu'il n'y a pas de raison, je veux dire même toi : tu ne peux pas être ma raison pour rester dans ce pays. Et tu ne peux pas sauver ma vie. Toi, le possible anarchiste, tu veux toujours être libre.

Je range mon passeport dans un tiroir. Je m'assois, allume la lampe et ouvre mon cahier. Je regarde tous les mots que j'ai appris pendant la dernière semaine. Puis je regarde tous les mots que j'ai appris depuis le premier jour de mon arrivée dans ce pays : étranger, auberge de jeunesse, petit déjeuner anglais, correctement, brouillard, eau vaseuse (en fait eau gazeuse, maintenant je sais)... Tellement de mots. Tellement j'ai appris pendant l'année passée. Les vocabulaires sur mon cahier, jour après jour, deviennent de plus en plus compliqués, de plus en plus recherchés.

J'ouvre une nouvelle page, une page blanche. J'écris le titre du film : *Samedi soir, dimanche matin*. Je serre le stylo dans ma main, de colère, de profonde déception – de colère contre la fatalité, de déception contre toi.

« Qu'est-ce que tu écris ? » Tu te tiens dans le coin opposé de la pièce et tu me regardes.

Je ne veux pas répondre.

« Je sais ce que tu es en train d'écrire, en fait. »

Ta voix semble vague. Pas seulement vague, froide.

Tu tournes ton dos et lances la dernière phrase avant que nous allions nous coucher :

« Au moins, tu continues à apprendre. Même si tout est cassé. »

Ta voix m'horrifie.

Tu me laisses, et disparais dans la chambre.

COURSE

Course n.f. Épreuve de vitesse ; compétition ou rivalité (course à l'armement).

« La vie est une course contre la montre. »

Aussi, mon père dit toujours :

« Perdre son temps est honteux, comme laisser pourrir les céréales dans les champs. »

« Un pouce de temps est un pouce d'or, mais tu ne peux pas acheter ce pouce de temps avec un pouce d'or. »

Après toutes ces éducations, je croyais que le temps était la chose la plus chère du monde. Quand j'étais adolescente à l'école moyenne, je n'osais même pas gaspiller vingt minutes à jouer. Regarder le ciel bleu en rêvassant, c'est être un idiot. Dormir dans l'herbe sous le soleil c'est être une grosse vache paresseuse qui ne produit pas de lait. Gaspiller le temps ne récupérera rien dans l'avenir. Mais ici, dans ce pays, les gens passent un après-midi entier à boire du thé, passent des heures à manger une part de *cheese-cake*, et une nuit entière à boire des bières au pub. Si la vie est une course contre la montre, pourquoi les gens s'intéressent tant au thé, au gâteau et à la bière ?

« Tu es trop anxieuse. Essaie de te détendre. Essaie de profiter de la vie. » Tu me l'as dit, sur la route du retour entre le pays de Galles et Londres.

Si la vie est une course contre la montre, comme mon père et mon professeur le disent, alors la vie doit être une chose très agressive. Il n'y a ni paix ni détente dans une course. Et aucune vie ne gagne jamais rien à la fin. Parce que, quels que soient les efforts, le temps rattrape toujours la personne. On finit par arrêter de courir un jour, par laisser passer le temps. Mon père a tort, je pense. Les gens ici ne vivent pas comme il dit.

Et toi, mon amour ? La vie ne te semble pas du tout une course. Parce que tu as déjà décidé de quitter la ville et la société, de vivre dans la nature, de vivre avec la mer et la montagne et la forêt. Alors, il n'y aura plus de lutte sociale pour toi. Alors, tu pourras atteindre la paix. Tu parles lentement et tu marches lentement, tu laisses le temps passer à côté de toi, parce que tu ne veux pas être dans une course. Comme ça, tu es sûr de ne pas perdre à la fin.

Et il y a la fatalité. Je t'ai rencontré, un homme qui était né l'année du Rat. Un rat n'a jamais un foyer stable, comme moi, née l'année de la Chèvre. Deux animaux instables, deux êtres sans foyer. Ça ne marchera pas, c'est notre destin.

En Chine, on dit : « Il y a beaucoup de rêves dans une longue nuit. » La nuit a été longue, mais je ne sais pas si je veux continuer les rêves. J'ai l'impression que je marche sur un petit chemin, d'un côté il y a les montagnes sombres et de l'autre les vallées. Je marche vers une petite lumière au loin. Je marche, je marche, et je vois cette lumière diminuer. Je me vois qui marche vers la fin de l'amour, la triste fin.

Je t'aime encore plus que je t'aimais avant. Je t'aime plus que je devrais t'aimer. Mais je dois partir. Je me perds de vue. J'ai mal de ne pas me voir. Il est temps pour moi de dire ces mots, ces mots que tu me répétais récemment : « Oui, je suis d'accord avec toi. Nous ne pouvons pas rester ensemble. »

DÉPART

Départ n.m. Action de partir, fait de quitter un lieu.

Cher étudiant, bienvenue à Londres ! À la fin de votre cursus, vous découvrirez que vous parlez et pensez dans votre nouvelle langue sans effort. Vous pourrez communiquer dans une multitude de situations, car vous serez capables de créer vos propres phrases et de jongler avec les mots naturellement.

C'est ce qu'on lit dans la brochure de l'école. Est-ce la vérité ? Peut-être. Mrs Margaret dit qu'elle est fière d'entendre comment je parle anglais parmi ses autres étudiants. Lorsque notre dernier cours est terminé, je prends mon courage à deux mains et lui cours après :

« Mrs Margaret, je peux vous poser une question ?

— Bien sûr, elle dit en souriant.

« — Où est-ce que vous avez acheté habituellement vos chaussures ?

— Où est-ce que j'achète habituellement mes chaussures ? elle me corrige. Pourquoi ? Elles vous plaisent ? » Elle regarde ses chaussures. Elles ont une couleur café, et une boucle brillante de métal devant.

« Oui, je réponds.

— Merci. Je les ai achetées chez Clarks.

— Oh. » Je me souviens qu'il y a un magasin de chaussures à Tottenham Court Road appelé Clarks.

Elle a l'intention de partir.

« Vous savez, Mrs Margaret, mes parents fabriquent des chaussures.

— Ah oui, vraiment ? Ma foi, c'est vrai que la Chine produit des biens vendus dans le monde entier… » Elle sourit encore. « Eh bien, bonne continuation dans vos études. J'espère qu'on aura l'occasion de se revoir.

— Merci. » Je lui souris aussi.

« Au fait, vous ne devriez pas m'appeler Mrs Margaret. On dit Mrs Wilkinson, ou simplement Margaret. D'accord ?

— D'accord, Margaret. » J'ai baissé le son de ma voix.

« Au revoir.

— Au revoir. »

Je l'aime bien, pour finir.

Quand une femme quitte son homme, quand une femme décide finalement son départ…

Est-ce qu'elle doit continuer d'arroser les plantes tous les jours ?

Est-ce qu'elle doit continuer d'attendre le printemps, d'attendre quand les fleurs sortent dans le jardin de l'homme, probablement dans deux semaines ? Ou trois semaines ?

Est-ce qu'elle doit continuer de laver ses tee-shirts, chaussettes et jeans, vérifier dans ses poches avant de laver ?

Est-ce qu'elle doit continuer de cuisiner tous les soirs avant qu'il rentre ? Soupe ou riz ? Salade ? Pâtes ? Ou bien tout laisser cru dans le frigo, comme du temps où il était célibataire ?

Est-ce qu'elle doit continuer de laver la vaisselle et balayer ?

Est-ce qu'elle continue de l'embrasser quand il franchit la porte du soir ?

Est-ce qu'elle continue de lui faire couler le bain et de verser l'huile vivifiante dans l'eau chaude avant d'aller au lit ?

Est-ce qu'elle continue à s'allonger à côté de lui quand il souffre des migraines un jour sur deux ? Ou pire encore, tous les jours ?

Est-ce qu'elle continue de toucher son corps maigre ? De sa main douce ? Caresse le bras nu de l'homme ? Sa poitrine nue ? Son ventre nu ? Et ses jambes nues ?

Est-ce qu'elle continue de faire l'amour avec lui ?

Est-ce qu'elle pleure, ou pleurera, quand elle sentira qu'elle a besoin d'un corps pour couvrir le sien et le réchauffer, mais pas celui de la personne allongée à côté d'elle ?

Est-ce qu'elle dit, ou dira : « Je te quitte », un jour précis ? À une heure précise ? À un moment précis ?

Est-ce qu'elle loue, ou louera, une voiture ou un taxi pour prendre toutes ses affaires avant qu'il ne comprenne ce qui se passe ?

Est-ce qu'elle pleure, ou pleurera, pleurera bruyamment quand elle entrera dans une nouvelle vie, une vie sans personne pour l'attendre et sans personne pour lui allumer un feu ?

Le téléphone sonne. L'agence de voyage de Chinatown dit que je peux passer récupérer mes billets d'avion. Je prends tout mon argent et j'enfile mon manteau. En sortant, je passe devant ta sculpture. Elle est presque terminée. Toutes les pièces du corps sont en bric-à-brac au fond de la baignoire en plastique.

Je sors de la maison, tu arroses les plantes dans le jardin. Tu es immobile, le tuyau à la main, ton dos vers moi. Le marron de ton blouson en cuir me refuse, ou peut-être m'évite. Je pense que tu ne veux pas me voir partir. Je pense que tu es en colère. L'eau du tuyau. Un jet violent sur les plantes. Pendant longtemps, tu ne bouges pas. J'attends. Je regarde le ciel gris au-dessus. Je veux te dire que c'est l'hiver. Je veux te dire que peut-être tu n'as pas besoin d'arroser les plantes aujourd'hui. Mais je ne dis rien. Je sors, hésite, silencieuse. Quand j'essaie de fermer le portail du jardin, j'entends ta voix :

« Hé, attends. »

Je me retourne. Je te vois arracher un petit bouquet de perce-neige de la terre. Tu me tends ces petites fleurs blanches en marchant vers moi.

« Tiens. »

Je prends les perce-neige. Je regarde les fleurs dans ma main. Si fragiles, qu'elles fanent déjà dans la chaleur de ma paume.

Après

ÉPILOGUE

Épilogue n.m. Court discours ou poème à la fin d'une œuvre littéraire, en particulier d'une pièce.

1er JOUR

C'est un grand avion, avec beaucoup de sièges, beaucoup de passagers. Air China, avec la queue de phœnix sur le flanc. Cette fois, il m'emmène vers l'est. Je me demande dans quelle direction souffle le vent maintenant. Venir en Angleterre n'était pas facile, mais partir est encore plus difficile. Je regarde la vitre et elle reflète le visage d'une étrangère. Ce n'est pas la « Z » d'il y a un an. Elle ne regardera plus jamais le monde de la même manière. Son cœur est blessé, blessé, blessé, comme le rossignol du conte qui saigne sur la rose rouge.

Les lumières se rallument. Un steward chinois me sourit et me sert mon second repas : riz, porc frit et brocolis. C'est chaud et poisseux. Tandis que mon corps digère lentement le riz, je comprends, je sens au plus profond de moi : nous sommes vraiment séparés.

On dit qu'aujourd'hui il n'y a plus de frontières entre les nations. Vraiment ? La frontière entre toi et moi est pourtant très large, très haute.

Lorsque je t'ai vu la première fois, j'ai eu l'impression de voir un autre moi, un moi contre moi, un moi que je contredisais tout le temps. Et maintenant, je ne peux pas t'oublier et je ne peux pas arrêter de t'aimer parce que tu fais partie de moi.

Mais peut-être que je raconte des non-sens philosophiques occidentaux. On ne peut pas vivre ensemble parce c'est notre destin, notre sort. Nous n'avons pas d'affinité prédestinée, de *yuan fen*.

Treize heures plus tard, nous atterrissons à Pékin. Je passe des jours à marcher dans la ville. Le vent sableux du désert de Mongolie frotte les vélos, les arbres, les toits. Pas étonnant que les gens d'ici soient beaucoup plus forts et coriaces. La ville entière est poussiéreuse et chaotique. Des squelettes inachevés de gratte-ciel et des chantiers nus emplissent l'horizon. Les chauffeurs de taxi crachent bruyamment sur la route par leurs vitres ouvertes. Des sacs en plastique pendent des arbres comme d'étranges fruits. Pollution, pollution, grande pollution dans mon grand pays.

J'appelle ma mère. Je lui annonce que j'ai décidé de quitter mon travail dans notre ville pour m'installer à Pékin. Elle est furieuse. Parfois, j'ai envie de la tuer. Sa volonté de dominer, pour toujours, est comme ce pays.

« Tu es idiote ou quoi ? elle crie dans le téléphone. Comment comptes-tu vivre sans un travail sérieux ? »

J'essaie de dire quelque chose :

« Mais je parle un peu l'anglais, maintenant, donc je trouverai peut-être un travail qui me permettra de l'utiliser, ou bien j'essaierai d'écrire quelque chose... »

Elle riposte immédiatement : « Écrire sur du papier n'est rien du tout à côté d'un emploi stable dans une unité de travail du gouvernement ! Tu penses pouvoir changer la forme de tes pieds pour qu'ils rentrent dans de nouvelles chaussures ? Tu comptes vivre comment sans l'assurance-maladie du gouvernement ? Et si je meurs bientôt ? Et si ton père meurt aussi ? »

Elle menace toujours de mourir le lendemain. Chaque fois que ce sujet de mort revient sur le tapis, je ne peux que me taire.

« Tu attends que les lapins s'assomment tout seuls contre les arbres pour n'avoir qu'à te baisser et les ramasser ? Je ne comprends pas les jeunes d'aujourd'hui. Ton père et moi avons travaillé comme des chiens, et toi tu ne t'es même pas encore réveillée. Eh bien, il est grand temps que tu arrêtes de rêver et que tu trouves un travail sérieux et un homme sérieux. Marie-toi et fais des enfants avant que ton père et moi mourions ! »

Comme je garde le silence et ne réponds pas, elle me jette son commentaire final :

« Tu sais quel est ton problème ? Tu ne penses jamais à l'avenir ! Tu ne vis que dans l'instant présent ! »

Et elle éclate en sanglots.

Pendant mon année d'absence, Pékin a changé comme si dix ans avaient passé. La ville est devenue méconnaissable.

Je suis assise au café Starbucks, dans un centre commercial flambant neuf : un grand bâtiment de deux étages avec une enseigne au néon sur le toit : Oriental Globe. Tout brille, comme si on avait volé toutes les lumières et les bijoux de Tiffany et Harrods. En Occident il y a Nike ; ici nos usines chinoises fabriquent Li Ning, du nom d'un champion olympique. En Occident il y a Puma ; ici nous avons Poma. Le style et le design sont exactement pareils. L'Occident a créé *N° 5* de Chanel pour Marilyn Monroe. Ici nous fabriquons *N° 6* de Chanel, du parfum au jasmin pour nos citoyens. Nous avons tout en Chine, et plus encore.

Le soir, des amis m'emmènent au karaoké. Cet endroit n'est pas fait pour moi. Il est fait pour les Chinois qui recherchent la fraîcheur quand ils sont las de leurs vieilles épouses. Dans des salles vides, des jeunes femmes en minijupes moulantes, les seins à demi nus, attendent les hommes seuls qui viennent chanter. Les salles obscures me rappellent les pubs de Londres : la fumée, les sièges en cuir, les tables basses, les voix fortes et les rires hystériques. Je m'assois et j'écoute les hommes chanter *La Longue Marche*, ou *L'Est est rouge*.

Je ne me sens pas à ma place en Chine. Où que j'aille, dans les salons de thé, les restaurants, les parcs, les Dunkin'Donuts, et même sur la Grande

Muraille, tout le monde parle d'acheter des voitures et des maisons, d'investir dans de nouveaux produits, de saisir l'opportunité des jeux Olympiques de 2008 pour gagner de l'argent, ou pour le voler dans la poche des étrangers. Je ne peux pas me mêler à leurs conversations. Mon monde semble trop peu pratique, trop improductif.

« Mais tu parles anglais, cela suffit. Tu pourrais gagner un tas d'argent ! Aujourd'hui, tout ce qui touche à l'Occident rapporte de l'argent. » Mes amis et ma famille n'arrêtent pas de me répéter cela.

500ᵉ JOUR

Je pense que j'ai reçu ta dernière lettre. Elle est arrivée, il y a un mois et rien depuis. Je ne sais pas pourquoi.

Je ne retournerai peut-être jamais en Angleterre, le pays où je suis devenue adulte, le pays où je suis devenue une femme, le pays où j'ai été blessée aussi. Le pays où j'ai vécu mes journées les plus déconcertantes, ma plus grande passion, mon bref bonheur et ma silencieuse tristesse. J'ai peut-être peur de m'avouer que je suis toujours amoureuse de toi.

Mais toutes ces pensées n'ont plus guère d'importance. Parfois, quand je suis seule dans mon appartement à Pékin, quand dehors la nuit est noire et les chantiers de construction bruyants, alors j'ai encore mal. Oui, la géographie aide beaucoup. Je sais que la meilleure chose à faire était de te rendre ta liberté, de reprendre notre vie chacun sur notre planète. Des vies parallèles, plus d'intersections.

C'est la dernière lettre que j'ai reçue de toi. La dernière.

Chère Z,

Je t'écris du pays de Galles. J'ai fini par quitter Londres. La montagne derrière mon cottage de pierre s'appelle Carningli. C'est du gallois, cela signifie la montagne de l'Ange [...].

J'ai emporté certaines de nos plantes et la vieille table de la cuisine. Je pense que tu manques aux tournesols. Leurs têtes se sont courbées de honte – comme s'ils avaient été punis par leur professeur – et leurs pétales jaune vif ont viré au marron foncé. En revanche, ton petit bambou semble très heureux ici. Il faut dire que nous avons un temps chinois depuis un mois. La semaine dernière, j'ai planté des rosiers grimpants devant mon cottage, parce que je trouvais qu'il manquait de couleurs.

Tous les jours, je traverse la vallée pour aller jusqu'à la côte. C'est une longue marche. Lorsque je regarde la mer, je me demande si tu as appris à nager [...].

Une paix et un bonheur immenses imprègnent tes mots, et ils resteront gravés dans ma mémoire. J'embrasse cette lettre. Je porte la feuille à mon visage, une page arrachée à un cahier. J'essaie de sentir cette vallée lointaine. Je t'imagine, debout au milieu de tes champs, la montagne derrière toi, et le va-et-vient de la mer. C'est un merveilleux tableau que tu décris. C'est le plus beau cadeau que tu m'aies jamais fait.

L'adresse au dos de l'enveloppe m'est familière. Ce doit être dans l'ouest du pays de Galles. Oui, nous y sommes allés ensemble. La pluie était incessante, elle couvrait la forêt entière, les montagnes et les terres.

Remerciements

Je tiens à remercier Rebecca Carter, Claire, Paterson, Beth Coates, Alison Samuel, Rachel Cugnoni, Suzanne Dean, Toby Eady, Clara Farmer, Juliet Brooke, et tous ceux qui m'ont accompagnée dans cette aventure.

Sources

Le Petit Livre rouge : citations du président Mao Tse-Toung, Éditions du Seuil, Paris, 1967.

Bible de Jérusalem, Paris, Éditions du Cerf, 1999.

Flaubert Gustave, Lettre à George Sand du 7 septembre 1870, *Correspondance*, Tome IV, Paris, Gallimard, coll. « la Pléiade », 1998.

Whitman Walt, *Leaves of Grass*, Brooklyn, New York, 1855.

Wilde Oscar, *Le Prince heureux et autres contes*, Mercure de France, 1963.

Composé par Nord Compo
à Villeneuve-d'Ascq (Nord)

Imprimé en Allemagne par
GGP Media GmbH
à Pößneck
en avril 2012

POCKET – 12, avenue d'Italie – 75627 Paris cedex 13

Dépôt légal : mai 2012
S21713/01